Paramahansza Jógánanda
(1893 – 1952)

Ahol a FÉNY HONOL

Felismerések és ösztönzés
az élet kihívásaihoz

Szemelvények
Paramahansza Jógánanda
tanításaiból

E KÖNYVRŐL: Paramahansza Jógánanda tanításainak e könyvben bemutatott szemelvényei eredetileg Srí Jógánanda könyveiben, a *Self-Realization*ben (az 1925-ben általa alapított magazinban) publikált cikkeiben és a Self-Realization Fellowship egyéb kiadványaiban jelentek meg.

Az itt közölt szemelvényeket Srí Jógánanda írásaiból, előadásaiból és kötetlen beszélgetéseiből válogattuk össze, hogy egy alkalmatos idézetgyűjteménnyel szolgálhassunk – amelyet az olvasók bármikor gyorsan felüthetnek, hogy ösztönző és megvilágosító tanácsokat kapjanak egy sor különböző témáról. Az *Ahol a fény honol* 1988-as, első megjelenése óta széles körű és méltányló olvasóközönségre tett szert.

Eredeti cím angolul a Self-Realization Fellowship,
Los Angeles (Kalifornia) kiadásában:
Where There Is Light

ISBN: 978-0-87612-720-9

Magyar nyelvre fordíttatta a Self-Realization Fellowship

Copyright © 2024 Self-Realization Fellowship

Minden jog fenntartva. A könyvismertetőkben megjelenő rövid idézetek kivételével az *Ahol a fény honol* (*Where There Is Light*) egyetlen részlete sem sokszorosítható, tárolható, közvetíthető vagy mutatható be semmilyen formában és semmilyen jelenleg ismert vagy a jövőben kidolgozott módon (elektronikusan, mechanikusan vagy másként) – beleértve a fénymásolást, rögzítést, illetve bármely egyéb információtárolási és visszakeresési rendszert – a Self-Realization Fellowship, 3880 San Rafael Avenue, Los Angeles, Kalifornia 90065-3219, USA előzetes írásbeli engedélye nélkül.

 A Self-Realization Fellowship Nemzetközi
Publikációs Bizottságának engedélyével

A Self-Realization Fellowship név és embléma (lásd fent) valamennyi SRF könyvön, felvételen és egyéb kiadványon megjelenik, szavatolva az olvasónak, hogy a mű a Paramahansza Jógánanda által alapított társaságtól származik, és híven tolmácsolja Srí Jógánanda tanításait.

A magyar kötet első kiadása: 2024
First edition in Hungarian, 2024
Nyomtatás 2024
This printing, 2024

ISBN: 978-1-68568-186-9

1326-J08179

TARTALOM

Előszó Srí Dajá Máta Tollából x
Bevezetés xiii

1. **A bennünk rejlő végtelen lehetőségek** 1
2. **Erő a megpróbáltatások idején** 10
3. **Tanulj meg meditálni** 22
   Meditáció: a leggyakorlatiasabb tudomány 22
   Előkészítő útmutatások 23
   Előzetes légzőgyakorlat 24
   Összpontosíts a lélek békéjére és örömére 26
   A meditáció mélyebb jógatudománya 27
   Vezetett meditációs gyakorlat 28
   Meditáció a lelki békén 28
   Meditálj, amíg meg nem kapod az isteni választ 30
4. **Felülemelkedni a szenvedésen** 32
   Isten gyógyító hatalma 38
   A megerősítés és imádság hatalma 42
   A megerősítés technikája 44
   Ápold a hitedet Istenben 48
5. **Biztonság egy bizonytalan világban** 55
6. **Bölcsesség a problémák megoldásához és életed döntéseinek meghozataláhozł** 63
   A józan ítélőképesség kifejlesztése 66
   Intuíció: a lélek éleslátása 71

7. **Céljaid elérése** **74**
   A dinamikus akaraterő használata 74
   A kudarc konstruktív kezelése 78
   Összpontosítás: a siker egyik kulcsa 81
   Kreativitás 83
   A teljes körű siker megteremtése 87
   A lelkesedés értéke 89
   Bőség és gyarapodás 92

8. **Belső béke: a stressz, az aggodalom és a félelem ellenszere** **97**
   Idegesség 99
   Aggodalom és félelem 102

9. **Kihozni magadból a legjobbat** **112**
   Önvizsgálat: a fejlődés titka 115
   A kísértések leküzdése 117
   A helyes hozzáállás múltbéli vétkeidhez 124
   Jó szokások kialakítása, és a rosszak kiirtása 128

10. **Boldogság** **135**
    Pozitív mentális hozzáállás 135
    Szabadság a negatív hangulatoktól 141
    Mások szolgálata 145
    A boldogság benső feltételei 146

11. **Megférni másokkal** **152**
    A diszharmonikus kapcsolatok kezelése 152
    Harmonikus személyiség kialakítása 156
    A negatív érzelmek leküzdése 159
    Megbocsátás 165

12. **Feltétlen szeretet: az emberi kapcsolatok tökéletesítése** **169**
    A női és férfitulajdonságok kiegyensúlyozása 171
    Házasság 174
    Barátság 180

13. **A halál megértése** **186**

14. **Így használd fel a halhatatlanság gondolatait valódi Éned felébresztésére** **200**
    Éjjel és nappal erősítsd magadban azt, aki valójában vagy 200
    Távolíts el minden korlátozó gondolatot, amely elrejti igaz Énedet 201
    Tudd, hogy Éned elválaszthatatlan Istentől 203
    Gondolkodj, alkalmazz megerősítéseket, eszmélj rá isteni természetedre 204
    Hasd át elméd szüntelenül az isteni igazsággal 205
    Lelkednek nem árthatnak a megpróbáltatások 207
    Ne félj semmitől, hiszen Isten gyermeke vagy 208
    Egy vagy a Szellemmel: erősítsd meg spirituális tulajdonságaidat 209
    Te vagy a fény, te vagy az öröm 211
    Te vagy a szeretet 213
    „Te vagy Az" 214

15. **A legvégső cél** **216**
    Időt szentelni Istennek az életedben 218
    Isten jelenlétére való ráhangolódás gyakorlása 223
    Kapcsolatteremtés Istennel 228
    Isten válaszának bizonyítéka 230
    A személyes összetevő Isten keresésében 233
    A szerzőről 242
    Szójegyzék 259

PARAMAHANSZA JÓGÁNANDA SPIRITUÁLIS ÖRÖKSÉGE

Összes írása, előadása és nem hivatalos beszéde

Paramahansza Jógánanda 1920-ban alapította meg a Self-Realization Fellowship[1] közösséget abból a célból, hogy világszerte terjesszék tanításait, és megőrizzék azok tisztaságát és sértetlenségét az eljövendő generációk számára. Amerikában töltött legelső éveitől kezdve termékeny íróként és előadóként működött, minek következtében hírneves és terjedelmes életművet állított össze a meditáció jógatudományáról, a kiegyensúlyozott élet művészetéről és minden nagy vallás átfogó egységéről. Egyedi és nagy horderejű spirituális öröksége ma is tovább él, amelyből világszerte az igazságkeresők millióit merítenek ihletet.

A nagy mester kifejezett óhajával összhangban a Self-Realization Fellowship továbbvitte a *Paramahansza Jógánanda összes művei* kiadásával és állandó nyomtatásával járó folyamatos feladatokat. Nemcsak az élete során kiadott összes könyv utolsó kiadásai tartoznak ide, hanem számtalan új mű is – olyan munkák, amelyeket 1952-ben bekövetkezett haláláig nem adtak ki, vagy amelyek befejezetlen, sorozatos formában a Self-Realization Fellowship magazinjának a hasábjain jelentek meg az évek során,

---

[1] Szó szerinti fordításban: Önvalóra Ébredés Társasága. Paramahansza Jógánanda a Self-Realization Fellowship név jelentését a következőképpen magyarázza: „Istennel való egység az Önvalóra Ébredésen keresztül, és barátság minden igazságkereső lélekkel." Lásd még a Szójegyzékben, és a „Self-Realization Fellowship céljai és ideáljai" alatt a könyv végén.

Paramahansza Jógánanda Spirituális Öröksége

illetve ide tartozik az a több száz mélységesen ösztönző erejű előadás és nem hivatalos beszéd is, amelyekről felvétel készült, de amelyek a haláláig nem kerültek nyomtatásba.

Paramahansza Jógánanda személyesen választotta ki és foglalkozott azokkal a hozzá közel álló tanítványokkal, akik a Self-Realization Fellowship Közzétételi Tanácsát alkotják, és pontos útmutatásokkal látta el őket a tanítások előkészítési és kiadási munkáira vonatkozóan. Az SRF Közzétételi Tanácsának tagjai (olyan szerzetesek és nővérek, akik életre szóló lemondási és önzetlen szolgálati esküt tettek) szent igazságként tisztelik ezeket az útmutatásokat, hogy a szeretett világtanító egyetemes üzenete a maga eredeti erejével és hitelességével élhessen tovább.

A Self-Realization Fellowship fent látható jelképét Paramahansza Jógánanda választotta ki annak a nonprofit társaságnak az azonosítására, amelyet saját tanításai hivatalos forrásaként alapított. Az SRF neve és jelképe a Self-Realization Fellowship minden kiadásán és felvételén látható. Ez biztosítja az olvasót arról, hogy a kezében tartott mű a Paramahansza Jógánanda által alapított szervezettől származik, és az ő tanításait adja át neki úgy, ahogyan arról a Mester maga rendelkezett.

Self-Realization Fellowship

ELŐSZÓ

Srí Dajá Máta Tollából

A Self-Realization Fellowship és az indiai Yogoda Satsanga Society elnöke és spirituális vezetője (1955–2010)

Ama áldott évek során, amíg Paramahansza Jógánanda spirituális képzésében részesülhettem,[2] eljutottam a felismerésig, hogy a valódi bölcsességnek két jele van: Először is lényünk valamennyi aspektusát felöleli – a testet, az elmét és a lelket; egyéni életünket éppúgy, mint a családunkhoz, közösségünkhöz és a világhoz fűződő kapcsolatunkat. Ugyanakkor olyan egyszerű és közvetlen, hogy úgy érezzük: „Hát persze! Hiszen ezzel világéletemben tisztában voltam!" Olyan érzésünk támad, mintha egy régóta bennünk rejlő tudásra eszmélnénk rá újfent. Amikor az igazság e mélyebb szinten érint meg bennünket, nyomban átértelmeződik puszta bölcselkedésből problémáink gyakorlati és keresztülvihető megoldásává.

Ilyen igazságok fakadtak véghetetlen áradatban gurumból, Paramahansza Jógánandából – nem holmi teológiai elvonatkoztatásokként vagy közhelyekként, hanem ama legfőbb bölcsesség gyakorlati megnyilvánulásaiként, amely bármilyen életkörülmények közepette meghozza az embernek a sikert, az

---

[2] Srí Dajá Máta 1931-ben lépett be a Self-Realization Fellowship ásramjába szerzetesként, és közvetlenül Paramahansza Jógánandától kapott spirituális képzést több mint húsz esztendőn keresztül. A mester választotta ki őt világméretű társasága harmadik elnökének és vezető spirituális képviselőjének, amely posztot 1955-től 2010-ben bekövetkezett elhunytáig töltötte be.

Előszó

egészséget, a maradandó boldogságot és az isteni szeretetet. Noha Paramahanszadzsí[3] tanításai teljes terjedelmükben és mélységükben több kötetet megtöltenek, örömmel mutatunk be ebben a válogatásban néhányat gondolatainak ama egyedi drágakövei közül, amelyek valamennyi írásában és előadásában ott sziporkáznak – e velős szavakban tolmácsolt, mélyreható igazságok újra tudatára ébresztenek bennünket határtalan benső erőforrásainknak, és megnyugtató célirányossággal töltenek el bizonytalanság vagy válság idején.

Paramahansza Jógánanda a szilárdság és az intuitív megértés e bennünk rejlő képességeit igyekezett felébreszteni mindazokban, akik képzésért fordultak hozzá. Amikor nehézségek merültek fel magánéletünkben vagy az ő világméretű társaságának ügyeiben, hozzá futottunk a megoldásért. Gyakran megesett azonban, hogy még mielőtt kinyithattuk volna a szánkat, intett, hogy üljünk le és meditáljunk. Az ő jelenlétében elménk elcsitult és Istenre összpontosult; s a problémáink okozta nyugtalanság és zavarodottság maradéktalanul szertefoszlott. Még ha egyetlen szóval sem felelt a kérdéseinkre, a kötelességeinkhez visszatérvén gondolataink akkor is világosabb alakot öltöttek, és rájöttünk, hogy a bensőnkben valami máris felismerte a követendő helyes utat.

Paramahanszadzsí szilárd alapot adott nekünk azokból az elvekből, amelyekre szükségünk volt, hogy gondolatainkat és cselekedeteinket bölcsen, bátran és hittel vezéreljük. Ám sosem

---

[3] A *dzsí* szócska a tisztelet kifejezésére szolgáló toldalék.

Ahol A Fény Honol

volt hajlandó helyettünk gondolkodni; ragaszkodott hozzá, hogy Istenre való teljesebb ráhangolódásunk útján fejlesszük ki a saját ítélőképességünket, és így minden egyes konkrét helyzetben önállóan is képesek legyünk felismerni a leghelyesebb lépéseket. Szívből remélem, hogy Paramahansza Jógánanda tanításainak e szemelvényeiben minden olvasó rá fog lelni a kellő bölcsességre és inspirációra, hogy diadalmas utat jelölhessen ki magának saját élete kihívást jelentő körülményei közepette. És mindenekfelett bízom abban, hogy ezek az igazságok tartós ösztönzést nyújtanak a szilárdság, az öröm és a szeretet ama benső erőforrásainak felkutatásához, amelyek az Istenhez fűződő örök kapcsolatunkból fakadnak. Ugyanis e felfedezésben rejlik a legnagyobb beteljesülés, amelyet az emberélet hozhat.

Dajá Máta
Los Angeles, Kalifornia
1988. december

BEVEZETÉS

„A látszólag üres térben létezik egy Lánc, egy örökkévaló Élet, amely a világegyetem valamennyi létezőjét egybekapcsolja – legyen bár eleven vagy sem –, az Élet hulláma, amely mindenen átárad."

– Paramahansza Jógánanda

Ahogy világunk civilizációja fejlődik, mind alaposabb okot ad a derűlátásra a kibontakozó felismerés, hogy az élet alapvetően egységes. Az emberiség legmagasztosabb spirituális hagyományai évszázadok óta tanítják, hogy életünk szerves részét képezi a világmindenség egészének; manapság e tanítást a fizikusok, ezek az új „látnokok" is alátámasztják, akik azt hirdetik, hogy az egység láthatatlan fonala köti össze a legtávolabbi tejúrendszert testünk legapróbb sejtjével. És amint felismeréseik lassan összeadódnak a biológia, az orvostudomány, a pszichológia, az ökológia és egyéb szakterületek tudományos eredményeivel, mindinkább azon vesszük észre magunkat, hogy az emberi megértés forradalmának küszöbén állunk – s egy olyan roppant és oly lélegzetelállítóan tökéletes egység képe kezd kirajzolódni előttünk, amelynek hatására önmagunkról és a bennünk rejlő lehetőségekről alkotott nézeteink gyökeres átalakuláson mennek keresztül.

Ez az új látásmód a megnyugvás mélységes érzésével tölt el bennünket ama súlyos kihívások dacára is, amelyekkel világunk manapság szembesül. Kezdjük észre venni, hogy nem egy véletlenszerű és kaotikus kozmosz tehetetlen áldozatai vagyunk – hogy a testünk és az elménk betegségei; a családi, társadalmi és gazdasági stabilitásunkat kikezdő éppoly veszedelmes „kórságok"; sőt, a földünkre leselkedő ökológiai fenyegetések is egytől egyig abból erednek, hogy mi magunk nem illeszkedünk a kozmosz lényegi harmóniájához és egységéhez személyes, közösségi, nemzeti vagy bolygószinten. Ha megtanuljuk saját életünket beolvasztani ebbe az egyetemes harmóniába, a jólétünket fenyegető bármely kihívásnak képesek leszünk diadalmasan megfelelni.[4]

Korunkban példátlanul nagyszámú elmélet és módszer forog közkézen e jólét eléréséhez. Az orvostudomány, a pszichológia és a lépten-nyomon kisarjadó metafizikai megközelítésmódok a maguk specializált szemszögéből mind megoldásokat kínálnak ugyan, ám a gyakorta egymásnak ellentmondó információk áradatában kapálózva sokszor képtelenek vagyunk felismerni azt a folytonosságot vagy rendszert, amely mederbe terelné az önmagunk és mások megsegítésére irányuló erőfeszítéseinket. Azon vesszük észre magunkat, hogy sóvárgunk egy átfogóbb távlat, egy hatékony módszer után, amelyből a korunk túlzott

---

[4] „A világegyetemet fenntartó kozmikus rend nem különbözik az ember sorsát vezérlő erkölcsi rendtől" – írta Paramahansza Jógánanda. A modern tudomány mindinkább megerősíti India ősi módszereinek hatékonyságát, amelyek révén az emberi tudatot kiegyensúlyozott összhangba lehet hozni a kozmikus törvényekkel – ahogyan ezt Brian D. Josephson professzor, fizikai Nobel-díjas tudós nemrégiben közölt kommentárja is bizonyítja: „A Védánta és Szánkhja [a hindu filozófia rendszerei, amelyek gyakorlati alkalmazása a jóga] jelenti a kulcsát az elme és a gondolkodási folyamat törvényeinek, amelyek kölcsönös összefüggésben állnak a kvantummezővel, vagyis a részecskék viselkedésével és eloszlásával az atomi és molekuláris szinteken."

Bevezetés

specializálódása miatt töredékessé vált nézeteket egy harmonikus és magasabb szintű összképpé rendezhetnénk. Ebből az átfogóbb távlatból – amelyet hajdan a világ nagy spirituális hagyományainak alapítói fedeztek fel, újabban pedig a modern idők úttörő természettudósai pillantottak meg – feltárul előttünk, hogy a tudomány és a vallás hátterében egyaránt a teremtés egészét vezérlő egyetemes alapelvek húzódnak meg. „A természettudomány csak kívülről vizsgálja az igazságot – mondotta Paramahansza Jógánanda. – A metafizikus ellenben belülről kifelé tekintve szemléli az igazságot. Ez az oka szembenállásuknak. Az önmagukra eszmélt lelkek azonban, akik a tudományt és a metafizikát egyaránt megértik, semmiféle ellentmondást nem látnak. Ők felismerik természettudomány és igazság párhuzamát, ugyanis a teljes képet képesek áttekinteni."

Paramahansza Jógánanda életműve[5] annak bemutatására irányult, hogyan alakíthatjuk át mindnyájan a harmónia eme eszményét puszta intellektuális lehetőségből közvetlen, személyes élménnyé, amely remekül alkalmazható mindennapi életünkre. E világtanító 1920-ban elhozta a nyugati világba a jóga-meditáció[6] ősi tudományát, majd egész életét annak szentelte, hogy a Keletet és a Nyugatot a spirituális megértés elnyűhetetlen kötelékeivel egyesítse, és hozzásegítsen másokat a békesség, a szeretet és az öröm minden emberi lényben ott rejlő, határtalan erőforrásainak tudatosításához.

Az *Ahol a fény honol* csupán csekély ízelítőt nyújt Paramahansza

---

5   Lásd „A szerzőről", 242. oldal.
6   Lásd a *jóga* kifejezést a szójegyzékben.

Ahol A Fény Honol

Jógánanda tanításaiból. Könyvünk tartalmának ízkavalkádja híven tükrözi a források sokféleségét, amelyekből a szemelvényeket merítettük: egyes szakaszokat nyilvános előadásokból vagy tanfolyamok anyagából vettünk; mások a tanítványok és barátok kis csoportjaival folytatott beszélgetésekből származnak; további szemelvényeket a mester írásaiból válogattunk ki.

A kötetben bemutatott elvek részletesebb kifejtése megtalálható az 253. oldalon feltüntetett kiadványokban. Azon olvasók számára, akik járatlanok Paramahansza Jógánanda filozófiájában és spirituális eszményeiben, az *Ahol a fény honol* hasznos bevezetőül fog szolgálni. Mindazok számára pedig, akik már megkezdték benső utazásukat e fény Forrása felé, e gyűjteményt a spirituális jó tanácsok kézikönyveként – a mindennapi életben páratlanul értékes, ösztönző felismerések kincsestáraként – ajánljuk.

Self-Realization Fellowship

Ahol
— A —
FÉNY HONOL

1. FEJEZET

A bennünk rejlő végtelen lehetőségek

Amikor kezdjük megérteni az emberi lényt a maga teljességében, ráeszmélünk, hogy korántsem egyszerű fizikai szervezetről van szó. Bensőjében számos erő munkál, amelyek lehetőségeit kisebb-nagyobb mértékben aknázza ki, miközben alkalmazkodik e világ feltételeihez. E szunnyadó lehetőségek sokkalta hatalmasabbak, mint az átlagember hinné.

❖ ❖ ❖

Valamennyi kicsiny villanykörte fénye mögött az elektromosság hatalmas és dinamikus áramlata rejlik; minden aprócska hullám mögött ott a végtelen óceán, amelyből a hullámok sokasága támad. Ugyanez a helyzet az emberi lényekkel is. Isten minden egyes embert a maga képére teremtett[1], és mindet szabadsággal ruházta fel. Ám te megfeledkeztél léted Forrásáról és Isten mindent felülmúló hatalmáról, amely szerves részedet alkotja. E világ lehetőségei korlátlanok; az ember szunnyadó fejlődőképessége határtalan.

---

1 1Móz 1:27

Ahol A Fény Honol

❖ ❖ ❖

Minden emberi lény a hatalmas, roppant Szellem megnyilvánulása. Mivel te magad is a Szellem megtestesülése vagy, erőfeszítéseket kell tenned a benned szunnyadó, határtalan lehetőségek kibontakoztatására.

❖ ❖ ❖

Lényed sokkalta nagyszerűbb, mint bármi és bárki más, ami vagy aki után valaha sóvárogtál. Isten oly módon nyilvánult meg benned, ahogyan egyetlen másik emberben sem. Arcod nem hasonlít senki máséra, és a lelked sem hasonlatos senkiéhez; te elegendő vagy önmagadnak; hisz lelkedben ott rejlik a legnagyobb kincs mind közül – Isten.

❖ ❖ ❖

Valamennyi nagy tanítómester hirdeti, hogy e testben ott lakozik a halhatatlan lélek, szikrája Annak, ami mindeneket fenntart.

❖ ❖ ❖

Honnan származik valódi személyiségünk? Istentől ered. Ő az Abszolút Tudat, az Abszolút Létezés és a Végső Üdvös Boldogság… Összpontosítás révén közvetlenül megérezheted lelked isteni üdvös boldogságát a bensődben és odakünn egyaránt. Ha képes vagy szilárdan megmaradni e tudatállapotban, külső személyiséged fejlődésnek indul, és vonzóvá válik minden lény

A bennünk rejlő végtelen lehetőségek

számára. A lélek Isten képére teremtetett, és amikor állandósítjuk magunkban a lélek-tudatosságot, személyiségünk az Ő jóságát és szépségét kezdi tükrözni. Ez a te valódi személyiséged. Bármely más tulajdonságot, amit mutatsz, többé-kevésbé kívülről oltottak beléd – ezek nem tartoznak valódi „önmagadhoz".

❖ ❖ ❖

Nézz magadba: valami a bensődben szüntelenül arra ösztökél, hogy keress „valami többet", ami mintha hiányozna az életedből. Minden emberi lény énjének mélyén ott rejlik a beteljesülés vágya. Hogy miért? Mert elszakadtunk a mi Atyánk kebeléről. Elkalandoztunk Istenben lévő örök otthonunkból, és áhítozunk eme elveszett tökéletesség visszanyerésére.

❖ ❖ ❖

A lélek teljességgel tökéletes, ám amikor a testtel azonosítjuk egóként[2], megnyilvánulását eltorzítják az emberi tökéletlenségek... A jóga megtanít bennünket, hogyan megismerjük önmagunk és mások isteni természetét. A jóga-meditáció révén ráeszmélhetünk isteni mivoltunkra.[3]

❖ ❖ ❖

---

2 Lásd az *egoizmus* kifejezést a szójegyzékben.
3 „Én mondottam: Istenek vagytok ti és a Felségesnek fiai ti mindnyájan." (Zsolt 82:6) „Nincs-é megírva a ti törvényetekben: Én mondám: Istenek vagytok?" (Ján 10:34)

Ahol A Fény Honol

A hold nem tükröződik tisztán a fodrozódó vízben, a nyugodt víztükör azonban tökéletesen veri vissza képét. Ugyanez igaz az elmére is: amikor nyugodt, világosan látod a lélek holdvilágképének tükröződését. Lélekként mindnyájan Isten egyedi tükröződései vagyunk. Amikor a meditációs technikák[4] révén megtisztítjuk elménk tavát a nyugtalan gondolatoktól, megpillantjuk lelkünket, a Szellem tökéletes tükörképét, és ráeszmélünk, hogy a lélek és Isten Egyek.

❖ ❖ ❖

Az önmagunkra eszmélés[5] annak a tudata – a testben, az elmében és a lélekben –, hogy egyek vagyunk Isten mindenütt jelenvalóságával; hogy nem kell imádkoznunk eljöveteléért, hogy nem pusztán a közelében vagyunk mindenkor, de Isten jelenvalósága a mi jelenvalóságunk; s hogy éppannyira az Ő részei vagyunk ma, amennyire mindig is azok leszünk. Mindössze annyit kell tennünk, hogy elmélyítjük ennek tudását.

❖ ❖ ❖

---

4 „Csendesedjetek és ismerjétek el, hogy én vagyok az Isten!" (Zsolt 46:10) A jóga-meditáció tudományos technikáit, amelyek révén az ember képessé válik elcsitítani és befelé fordítani tudatát, és észlelni bensőjében Isten jelenlétét, Paramahansza Jógánanda a *Self-Realization Fellowship Lessons*-ben tanította; e tanfolyamai és előadásai anyagából összeállított, teljes körű, otthoni tanulmányozásra szánt sorozat a Self-Realization Fellowship Nemzetközi Központjától szerezhető be.

5 Lásd az Én kifejezést a szójegyzékben.

A bennünk rejlő végtelen lehetőségek

Összpontosítsd figyelmedet befelé.[6] Egy újfajta erőt fogsz megérezni, új szilárdságot és békességet – a testedben, az elmédben és a szellemedben... Istennel való benső egyesüléssel révén megváltoztatod állapotod halandó lényből halhatatlanná. Amikor pedig ezt megteszed, minden béklyót lerázol magadról, amely eddig gúzsba kötött.

❖ ❖ ❖

A lelki erők kiaknázatlan kincsesbányái rejlenek benned. Öntudatlanul persze minden tevékenységednél merítesz ezekből az erőkből, és el is érsz bizonyos eredményeket; ha azonban megtanulod, hogyan vedd ellenőrzésed alá és használd fel e benned rejlő erőket, sokkal többet is véghez vihetsz.

❖ ❖ ❖

E világon kevesen igyekszenek tudatosan kifejleszteni a testükben, elméjükben és lelkükben szunnyadó lehetőségeket. A többiek a múltuk körülményeinek áldozatául esnek. Ők csak vonszolják magukat egyre tovább, múltbéli rossz szokásaik kényszerétől hajtva, amelyek súlya alatt tehetetlenül rogyadoznak, s csupán arra emlékeznek: „ideges alkat vagyok", „puhány vagyok", „bűnös vagyok" és így tovább.

Egyedül mirajtunk múlik, hogy levágjuk-e a bölcsesség kardjával szolgaságunk béklyóit, vagy tovább hordjuk kötelékeinket.

---

[6] „Sem azt nem mondják: Ímé itt, vagy: ímé amott van; mert ímé az Isten országa ti bennetek van." (Luk 17:21)

❖ ❖ ❖

Az élet egyik káprázata, hogy tehetetlenül kell morzsolnunk életünk napjait. Mihelyt kimondod, hogy: „Ennek semmi értelme", a helyzet máris megváltozik... Téveszme azt hinni, hogy képtelen vagy tetszésed szerint változni.

❖ ❖ ❖

Kicsiny elménk része Isten mindenható elméjének. Tudatunk hulláma alatt terül el az Ő tudatának végtelen óceánja. A hullám azért szigetelődik el az óceán erejétől, mert elfelejti, hogy része a roppant víztömegnek. Ekként gyengíthették meg elménket is annyira megpróbáltatásaink és anyagi korlátaink, hogy elakadt munkájában. Meg fogsz lepődni, milyen sokat képes végezni elméd, ha ledöntöd azokat a gátakat, amelyeket elé állítottál.

❖ ❖ ❖

Miért hagynád, hogy képességeidet behatárolja a közkeletű intelem: „Sose vágd túl nagy fába a fejszédet"? Meggyőződésem szerint igenis túl nagy fába kell vágnod a fejszéd, és azután lankadatlan szorgalommal ki is kell döntened!

❖ ❖ ❖

Az elme olyan, mint egy gumiszalag. Minél jobban húzod, annál tovább nyúlik. Ez az elme-gumi sosem fog elszakadni. Valahányszor úgy érzed, hogy a határáig feszítetted, hunyd le a

A bennünk rejlő végtelen lehetőségek

szemed, és mondd magadnak: „Én vagyok a Végtelen", s meg fogod látni, milyen erők lakoznak benned.

❖ ❖ ❖

Amikor azt mondod nekem, hogy képtelen vagy erre vagy amarra, én nem hiszem el. Bármit határozol is el magadban, képes vagy véghezvinni. Isten mindenek összessége, és az Ő képmása rejlik benned. Ő mindenre képes, így hát te is az vagy, csak meg kell tanulnod magad azonosítani az Ő természetének kimeríthetetlen bőségével.

❖ ❖ ❖

Ne gyönge halandóként tekints magadra. Agyadban hihetetlen energiamennyiségek rejlenek; egyetlen grammnyi húsodban elegendő energia van ahhoz, hogy Chicago egész városát ellássa két napon át.[7] És te még azt mondod, hogy fáradt vagy?

❖ ❖ ❖

Isten porhüvelybe zárt energiaangyalokként teremtett meg bennünket – az élet árama gyújtja ki anyagi testünk izzóját. Azonban mivel az izzó gyengeségére és törékenységére

---

7 India bölcsei már évszázadokkal azelőtt hirdették, hogy minden anyagi forma visszavezethető energiamintázatokra, mielőtt korunk fizikusai bebizonyították volna az anyag és az energia egyenlőségét. Lásd a *prána* kifejezést a szójegyzékben.

összpontosítottunk, elfelejtettük, hogyan érzékelhetjük az örökkévaló és elpusztíthatatlan életenergia tulajdonságait a mulandó testben.

❖ ❖ ❖

Ha túllépsz e világ tudatán, felismerve, hogy sem a testeddel, sem az elméddel nem vagy azonos, s eközben minden eddiginél világosabban tudatosítod magadban létezésedet – akkor ebben az isteni tudatban felleled valódi kilétedet. Te Az vagy, akiben a világegyetem minden létezője gyökerezik.

❖ ❖ ❖

Mindnyájan istenek vagytok; bárcsak tisztában lennétek ezzel. Tudatotok hulláma mögött Isten jelenlétének tengere húzódik. Önmagatokba kell tekintenetek. Ne a test aprócska hullámára és annak gyarlóságaira összpontosítsátok figyelmeteket; tekintsetek mélyebbre... Amint tudatotokat feljebb emelitek a testnél és a testi tapasztalatoknál, rá fogtok jönni, hogy e [tudati] szféra telve van a ragyogó örömmel és üdvös boldogsággal, amely a csillagok fényét s a szelek és viharok erejét táplálja. Isten a forrása minden örömünknek és a természet valamennyi jelenségének...

Eszméljetek fel a tudatlanság homályából. Lehunytátok szemetek, és a káprázatok álmába merültetek.[8] Ébredjetek! Nyissátok ki szemeteket, és megpillantjátok Isten dicsőségét – az

---

8 Lásd a *májá* kifejezést a szójegyzékben.

A bennünk rejlő végtelen lehetőségek

Isten mindeneken eláradó fényében tündöklő, roppant szemhatárt. Mondom néktek: legyetek isteni realisták, és Istenben minden kérdésre meglelitek a választ.

MEGERŐSÍTÉSEK[9]

Elmerültem az örökkévaló fényben, amely átjárja lényem minden részecskéjét. E fényben élek. Az Isteni Szellem eltölt engem kívül-belül.

❖ ❖ ❖

Ó Atyám, törd át életem kicsiny hullámainak gátjait, hogy elvegyülhessek a Te végtelenséged óceánjában.

---

9 Az útmutatást a megerősítések alkalmazásához az 42. és az utána következő oldalakon közöljük.

2. FEJEZET

Erő a megpróbáltatások idején

Az Úr mindent azért teremtett, hogy megpróbáljon minket, hogy felszínre hozza eltemetett lelkünk halhatatlanságát. Ez az élet nagy kalandja, létünk egyetlen célja. És mindnyájunk kalandja különböző, egyedülálló. Fel kell készülnöd rá, hogy minden egészségügyi, lelki és elmebeli problémával megbirkózz a józan ész módszerei és Istenbe vetett hited révén, abban a tudatban, hogy akár élsz, akár halsz, a lelked soha le nem győzetik.

❖ ❖ ❖

Soha ne hagyd, hogy az élet fölébed kerekedjen. Kerekedj te fölül! Erős akarattal minden nehézséget leküzdhetsz. Még a megpróbáltatások közepette is erősítsd meg magadban: „A veszély és én együtt születtünk, s kettőnk közül én vagyok a veszedelmesebb!" Olyan igazság ez, amelyről sosem szabad megfeledkezned; alkalmazd csak, és meglátod, hogy beválik. Ne viselkedj meghunyászkodó halandóként. Te Isten gyermeke vagy!

❖ ❖ ❖

Sokan tartanak az élet problémáitól. Én sosem féltem tőlük, hiszen mindig is így imádkoztam: „Uram, hadd növekedjen bennem a Te hatalmad. Tarts meg engem a pozitív tudat

Erő a megpróbáltatások idején

állapotában, hogy a Te segedelmeddel mindenkor felülkerekedhessek nehézségeimen."

❖ ❖ ❖

Mivel Isten képére teremtettél, ha azt hiszed, megpróbáltatásaid súlyosabbak annál, semhogy isteni természeted képes volna felülkerekedni rajtuk, téveszmében élsz. Ne feledd, bármilyen megpróbáltatásokon mész is keresztül, sosem vagy túl erőtlen a küzdelemhez. Isten nem engedi, hogy súlyosabb próbatétel elé kelljen állanod, mint amilyet képes vagy elviselni.

❖ ❖ ❖

Szent Ferencet több baj gyötörte, mint el tudod képzelni, ám ő nem adta fel. Elméjének erejével egymás után küzdötte le az akadályokat, mígnem eggyé vált a Világmindenség Urával. Benned miért ne lenne meg ez a fajta eltökéltség?

❖ ❖ ❖

Minden téged érő megpróbáltatást használj fel kedvező alkalomként önmagad jobbá tételére. Miközben keresztülmész az élet nehézségein és próbatételein, gyakorta lázadozni kezdesz: „Miért pont velem kell megtörténnie mindennek?" Holott minden próbatételre csákányként kellene gondolnod, amellyel lehatolhatsz tudatod mélyére, hogy feltörhessen a spirituális erő kútforrása. Valamennyi próbatétel azt a rejtett hatalmat hivatott felszínre hozni, amely Isten saját képére teremtett gyermekeként benned lakozik.

❖ ❖ ❖

Talán az tűnik a legkönnyebb megoldásnak, hogy elmenekülj a problémák elől. Ám erőd csak akkor gyarapszik, amikor erős ellenféllel kelsz birokra. Akinek nem kell nehézségekkel szembeszállnia, az nem is fejlődik.

❖ ❖ ❖

A problémamentes élet – amelyben nem éreznénk ösztönzést, hogy tökéletesítsük magunkat, és kibontakoztassuk a bennünk rejlő isteni képességeket – nem is volna valódi élet.

❖ ❖ ❖

Az diadalmaskodik igazán, aki önmagát győzi le – aki felülemelkedik behatárolt tudatán, és korlátlanul kiterjeszti spirituális képességeit. Ekként bármeddig eljuthatsz, túl minden határon, és páratlanul diadalmas életet élhetsz.

Törj ki az elme tudatlanságának cellájából, amelyben eddig raboskodtál. Gondolkodj másképpen.

❖ ❖ ❖

A bölcsesség gondolat-pallosával vágd el a gondolat-kötelékeket, amelyek gúzsba kötnek. Az élet csata, és neked küzdened kell, ha győzni akarsz… Ki akadályozhatna meg benne, hogy istenként gondolj magadra? Senki a világon. Egyedül te állhatsz útjába önmagadnak.

❖ ❖ ❖

Erő a megpróbáltatások idején

Ha maradandó boldogságra vágysz, meg kell szabadulnod a gondolattól, hogy halandó lény vagy. Tudatosítsd örökléted igazságát mindennapi életedben.

❖ ❖ ❖

Sugározd a világra bensődből fakadó mosolyodat... Tanuld meg akaratlagosan felidézni magadban a boldogságot, és ragaszkodj e benső boldogságérzethez, bármi történjék is. Egyeseket teljesen megtörnek az élet viszontagságai; mások a nehézségeket is mosollyal fogadják. Az életben azok az igazán sikeresek, akiknek a szelleme legyőzhetetlen.

❖ ❖ ❖

Amikor a megpróbáltatásaim nagy súllyal nehezednek rám, először önmagamban keresem a megértést. Nem a körülményeket hibáztatom, és nem másokat próbálok megjavítani. Elsőként magamba tekintek. Igyekszem megtisztítani lelkem fellegvárát minden akadálytól, amely a lélek mindenható és végtelen bölcsességű megnyilvánulásának útjába áll. Ez a sikeres élet titka.

❖ ❖ ❖

A baj és a betegség mindig valamilyen tanulságot tartogat. Fájdalmas élményeinknek nem az a rendeltetésük, hogy elpusztítsanak bennünket, hanem hogy kiégessék belőlünk a salakot, és meggyorsítsák Hazafelé vezető utunkat. Senki sem várja sóvárabban szabadulásunkat, mint Isten.

Ahol A Fény Honol

❖ ❖ ❖

A káprázat füstfátyla ereszkedett közénk és Isten közé, és Ő bánkódik, hogy szem elől tévesztettük. Korántsem örül annak láttán, hogy gyermekei ennyit szenvednek – hogy tömegesen pusztulnak a lehulló bombák, szörnyű betegségek és káros szokások miatt. Sajnálja mindezt, hiszen Ő szeret és visszavár minket. Bárcsak vennétek éjjelente a fáradságot, hogy meditáljatok és Vele legyetek! Hiszen Ő oly sokat gondol reátok. Nem hagyott cserben benneteket. Ti vagytok azok, akik cserbenhagytátok saját Éneteket.

❖ ❖ ❖

Ha tanítómestereidként tekintesz élettapasztalataidra, akik megismertetnek a világ valódi természetével és a saját szerepeddel benne, akkor e tapasztalatok értékes útmutatóvá válnak az örök beteljesedéshez és boldogsághoz.

❖ ❖ ❖

Bizonyos értelemben a gyötrelem a legjobb barátod, hiszen ez ösztökél Isten keresésére. Amikor kezded világosan átlátni a világ tökéletlenségét, nekilátsz a kutatásnak Isten tökéletessége után. Igazság szerint Isten nem arra használja a gonoszt, hogy elpusztítson minket, hanem hogy kiábrándítson az Ő játékszereiből, e világ hívságaiból, s végre az Ő keresésére induljunk.

❖ ❖ ❖

Erő a megpróbáltatások idején

A megpróbáltatás nem egyéb, mint az Istenanya[1] dédelgetőn kiterjesztett kezének árnyéka. Ezt ne feledd el. Midőn az Anya becézőn kinyúl feléd, olykor rád esik az árnyék, mielőtt még megérintene. Tehát amikor baj ér, ne gondold, hogy Ő büntetni akar; árnyékba borító keze áldást tartogat számodra, hiszen azért nyújtotta ki, hogy közelebb vonjon magához.

❖ ❖ ❖

A szenvedés jó tanítómestere azoknak, akik készek rá, hogy gyorsan tanuljanak belőle. Ám zsarnokként gyötri mindazokat, akik ellenszegülnek neki és sérelemnek tekintik. A szenvedés majd' mindenre megtaníthat bennünket. Leckéi a jó ítélőképesség és önuralom, az erkölcsi érzék és a transzcendens spirituális tudat kifejlesztésére ösztökélnek, hatásukra megszabadulunk a kötődésektől. Egy gyomorfájás például arra tanít, hogy ne együnk mértéktelenül, és jól nézzük meg, mit fogyasztunk. Birtokolt javaink vagy szeretteink elvesztésének fájdalma arra emlékeztet, mennyire mulandó minden a káprázatok e világában. Rossz cselekedeteink következményei pedig rákényszerítenek bennünket, hogy megtanuljunk különbséget tenni. Miért nem tanulsz inkább a bölcsességből? Akkor nem tennéd ki magad a szenvedés, e szigorú felügyelő szükségtelen és fájdalmas fenyítéseinek.

---

[1] India szentírásai azt tanítják, hogy Isten egyszerre személyes és személytelen, immanens és transzcendens. A Nyugat istenkeresői hagyományosan az Atyaként tekintenek Isten személyes aspektusára; Indiában Isten mint a Világmindenség szeretetteljes és együtt érző Anyja széles körben elfogadott elképzelés. Lásd az *Istenanya* kifejezést a szójegyzékben.

❖ ❖ ❖

A szenvedés oka a szabad akarattal való visszaélés. Isten felruházott bennünket a képességgel, hogy elfogadjuk vagy elutasítsuk Őt. Nem kívánja, hogy csapások sújtsanak minket, de nem avatkozik közbe, ha gyötrelmekhez vezető cselekedeteket választunk.

❖ ❖ ❖

Egészséged megrendülésének, a váratlan anyagi csődnek és minden egyéb olyan bajnak az okát, amely figyelmeztetés nélkül és látszólag megmagyarázhatatlanul sújt le rád, te magad hoztad létre a múltban – akár a jelenlegi, akár egy korábbi megtestesülésedben –, és azóta szép csendben kicsíráztak a tudatodban....[2] Ne Istent vagy embertársaidat hibáztasd azért, ha betegségtől, anyagi gondoktól vagy érzelmi zaklatottságtól szenvedsz, hiszen a probléma okát te magad idézted elő a múltban, s most annál nagyobb eltökéltséggel kell hozzálátnod, hogy gyökerestől kiirtsd.

❖ ❖ ❖

Túlságosan sokan értelmezik félre a karma[3] szó jelentését, s öltenek emiatt fatalista hozzáállást. Nem muszáj elfogadnod a karmádat. Ha azt mondom neked, hogy valaki a hátad mögött

---

[2] A reinkarnáció, vagyis a lélek Istenhez visszavezető fejlődésének útja ismételten alkalmakat kínál arra a gyarapodásra, kibontakozásra és beteljesedésre, amely a földi lét egyetlen röpke életideje alatt nem mehet végbe. Lásd a szójegyzéket.

[3] A múltbeli cselekedetek eredménye, amelyet az ok és okozat törvénye irányít. „Mert amit vet az ember, azt aratándja is." (Gal 6:7) Lásd a szójegyzéket.

Erő a megpróbáltatások idején

áll és meg akar ütni, mert valaha bántottad, s te erre jámboran azt feleled, hogy: „Hát igen, ez az én karmám", majd tétlenül várod az ütést, akkor persze, hogy ellátják a bajodat! Miért nem próbálod meg kiengesztelni támadódat? Ha megbékíted, neheztelése megenyhül, és többé már nem akar megütni.

❖ ❖ ❖

Tetteid következményei sokkal kevésbé árthatnak neked, ha nem hagyod, hogy az elméd behódoljon nekik. Ezt ne feledd. Úgy is ellenszegülhetsz múltbéli rossz cselekedeteid negatív hatásának, ha a jelenbeli jó cselekedeteid által előidézett pozitív hatásokkal ellensúlyozod őket, s ekként megakadályozod egy olyan környezet kialakulását, amely kedvezne rossz karmád beteljesedésének.

❖ ❖ ❖

Ha ráeszmélsz önmagadra Isten gyermekeként, ugyan miféle karmád lehet? Istennek nincs karmája. És ha *tudatosítod* magadban, hogy az Ő gyermeke vagy, akkor neked sincs. Mindennap meg kell erősítened magadban: „Nem halandó lény vagyok, nem vagyok azonos a testemmel. Én Isten gyermeke vagyok." Ezzel tudatosítod magadban Isten jelenlétét. Isten mentes a karmától. Te pedig az Ő képére teremttetél. Vagyis te is mentes vagy a karmától.

❖ ❖ ❖

Ne hagyd magad senki által meggyőzni, hogy a szenvedésed vagy a problémáid a karmád részei. Neked [a léleknek]

Ahol A Fény Honol

nincsen karmád. Ahogyan Sankara[4] mondta: „Én egy vagyok a Szellemmel; én Ő vagyok." Ha *ráeszmélsz* erre az igazságra, isten vagy. Ha azonban csak hajtogatod magadban a megerősítést, hogy: „egy isten vagyok", ám elméd hátulsó zugaiban azt gondolod, hogy: „Mégis úgy tűnik, mintha halandó lennék", bizony továbbra is halandó maradsz. Akkor szabadulsz meg, ha *tudod,* hogy isten vagy.

❖ ❖ ❖

„Nem tudjátok-é, hogy ti Isten temploma vagytok, és az Isten lelke lakozik bennetek?"[5] Ha képes vagy a meditáció révén megtisztítani és kiterjeszteni elméd, és befogadni Istent a tudatodba, akkor te is megszabadulsz a betegség, a korlátok és a halál káprázatától.

❖ ❖ ❖

Ha felül akarsz emelkedni a karmán, próbáld tudatosítani magadban a következő igazságokat: (1) *Ha az elméd szilárd, és a szíved tiszta, akkor szabad vagy.* Az elme köt össze a testedet gyötrő fájdalommal. Ha tiszta gondolatokat táplálsz, és szilárd vagy elmédben, akkor nem szenvedheted el a rossz karma fájdalmas következményeit. E megállapítás igen nagy örömmel

---

4 Szvámi Sankara India egyik legjelesebb filozófusa volt. Nem tudjuk pontosan, hogy mikor élt, de számos tudós a nyolcadik századra, illetve a kilencedik század elejére teszi munkásságát.

5 1Kor 3:16

Erő a megpróbáltatások idején

töltött el engem. (2) *Tudat alatti álomállapotodban szabad vagy.* (3) *Amikor az elragadtatás[6] állapotában azonosulsz Istennel, nincs karmád.* Ezért mondják a szentek, hogy: „Imádkozz szüntelen." Ha szakadatlanul imádkozol és meditálsz, eljutsz a szupertudatosság birodalmába, ahol semmiféle baj sem háborgathat többé.

❖ ❖ ❖

Most rögtön megszabadulhatsz a karmától a következő módszerekkel. Valahányszor karmikus eredetű bajok gyötörnek, aludj egyet. Avagy táplálj magadban tiszta gondolatokat, és tedd acélossá elmédet, s közben mondogasd magadban: „Én felette állok mindennek." Vagy ami a legjobb, mély meditációban merülj el a szupertudatosság isteni állapotában. E tudat üdvös boldogsága lelked természetes állapota, csakhogy te megfeledkeztél valódi természetedről, mert túl hosszú időn át azonosultál a testeddel. A lélek e háborítatlan és üdvösen boldog állapotába kell újra eljutnod.

❖ ❖ ❖

A lélek természete [egyénített Szellemként] az üdvös boldogság: a folyton megújuló és folyton változó öröm tartós, belső állapota. Az üdvös boldogság állapotát elérőnek soha meg nem

---

6 Emelkedett tudatállapot, amelyben közvetlenül tapasztaljuk meg Istent. A tudatos állapot a test és a külső környezet tudatossága. A tudat alatti állapot a belső elme, amely alvás és az emlékezéshez hasonló elmefolyamatok közben működik. A szupertudatosság állapota a transzcendens, magasabb elme, avagy a lélek spirituális tudata. Lásd a *szamádhi* kifejezést a szójegyzékben.

fakuló öröm az osztályrésze, még akkor is, ha a testi szenvedés vagy halál megpróbáltatásain megy keresztül.

❖ ❖ ❖

Az anyagi orvosságoknak – gyógyszereknek, testi kellemetességeknek, mások által nyújtott vigasznak – is megvan a maguk létjogosultsága a fájdalom elmulasztásában, ám a leghatékonyabb orvosság a *Krijá-jóga*[7] gyakorlása, és annak megerősítése, hogy egy vagy Istennel. Ez a csodaszer gyógyír minden bajra, fájdalomra és gyászra – s a szabadságba vezető út mindennemű egyéni és tömegkarmából.[8]

MEGERŐSÍTÉSEK

Tudom, hogy Isten hatalma végtelen; és mivel az Ő képére teremtettem, bennem is megvan az erő minden akadály leküzdéséhez.

❖ ❖ ❖

Drága Atyám, bármilyen körülményekkel kell is

---

7 Az Istennel való benső eggyé válás tudományos technikája. A *Krijá-jóga* tudományát Paramahansza Jógánanda *Egy jógi önéletrajza* című művében ismerteti.

8 Az emberi lények összeadódó cselekedetei az egyes közösségeken, nemzeteken belül, illetve az egész világon együttvéve alkotják a tömegkarmát, amely a jóság vagy gonoszság fokától és túlsúlyától függően helyi vagy messze kiterjedő hatást gyakorol. Következésképpen minden egyén gondolatai és cselekedetei hozzájárulnak e világ és valamennyi lakója jó vagy rossz sorához.

Erő a megpróbáltatások idején

szembenéznem, tudom, hogy ezek a következő lépést jelentik lényem kibontakozásában. Örömmel fogadok minden próbatételt, hiszen jól tudom, megvan bennem a kellő intelligencia, hogy megértsem, és az erő, hogy kiálljam.

3. FEJEZET

Tanulj meg meditálni

Meditáció: a leggyakorlatiasabb tudomány

A meditáció az Istenre eszmélés[1] tudománya. Ez a leggyakorlatibb tudomány széles e világon. Ha az emberek tisztába jönnének értékével, és megtapasztalnák jótékony hatásait, a legtöbbjük szíves-örömest a meditációnak szentelné magát. A meditáció végső célja, hogy tudatosan ráeszméljünk Istenre, és lelkünk örök egységére Ővele. Ugyan mely törekvés lehetne jelentőségteljesebb és hasznosabb annál, mint hogy korlátozott emberi képességeinkkel a mindenható és mindenütt jelenvaló Teremtőt szolgáljuk? Az Istenre eszmélés elhalmozza a meditálót az Úr békességének, szeretetének, örömének, hatalmának és bölcsességének áldásaival.

❖ ❖ ❖

A meditáció az összpontosítás képességét hasznosítja annak legmagasabb rendű formájában. Az összpontosítás abból áll, hogy elvonatkoztatunk a figyelemelterelő tényezőkről, és a minket foglalkoztató gondolatra fókuszálunk. A meditáció az összpontosítás

---

[1] E fejezet ízelítőt nyújt a meditáció Paramahansza Jógánanda által tanított formájából. Az általa oktatott technikák hiánytalan összességét – a koncentráció és meditáció lépésről lépésre haladó Krijá-jóga tudományát – Srí Jógánanda a *Self-Realization Lessons*-ben mutatta be. Lásd 248. oldal.

különleges válfaja, amelynek során addig csapongó figyelmünket állhatatosan Istenre irányítjuk. Következésképp a meditáció nem más, mint koncentrálóképességünk felhasználása Isten megismerésére.

Előkészítő útmutatások

Telepedj le egy egyenes, kényelmes székre, vagy keresztbe tett lábbal valamilyen stabil felületre. Húzd ki magad, az állad tartsd párhuzamosan a padlóval.

❖ ❖ ❖

Ha felvetted a megfelelő testhelyzetet, stabilan, mégis ellazultan ülsz, és képes leszel megőrizni teljes nyugalmi pozíciódat anélkül, hogy egyetlen izmodat is mozdítanád. E mocorgástól és fészkelődéstől mentes nyugalom nélkülözhetetlen a mély meditatív állapot eléréséhez.

❖ ❖ ❖

Félig hunyd le a szemedet (vagy akár teljesen, ha ez kényelmesebb), a tekinteted irányozd felfelé, s úgy fókuszáld a pillantásod és a figyelmed, mintha a két szemöldököd közötti ponton át néznél kifelé. (Az összpontosításban mélyen elmerült meditáló gyakran e pontban vonja össze a szemöldökét.)

Ne bandzsíts, és ne erőltesd a szemedet; a fölfelé pillantás magától jön, ha valaki relaxált és nyugodt koncentrációban van. A lényeg, hogy a *teljes figyelmedet* a szemöldökök közötti pontra összpontosítsd.

Ahol A Fény Honol

Ez a Krisztus-tudat központja, az egyetlen szem székhelye, amelyről Krisztus beszélt: „A test lámpása a szem. Ha azért a te szemed tiszta, a te egész tested világos lesz." (Mát 6:22)

Ha a meditáció betöltötte célját, az ájtatos hívő azon veszi észre magát, hogy tudata automatikusan a spirituális szemre összpontosul, és spirituális képességéhez mérten a Szellemmel való isteni egyesülés örömteli állapotát tapasztalja meg.

Előzetes légzőgyakorlat

Ha felvetted az előbb leírt meditatív testtartást, következő előkészületként szabadulj meg a tüdődben összegyűlt szén-dioxidtól, amely nyughatatlanná tesz.

Fújd ki a levegőt a szádon keresztül egy kettős kilégzéssel: „Hu, hú!" (Ezt a hangot csak a kiáramló levegő adja, nem a hangszálaink.)

Majd szívd tele a tüdőd mélyen az orrodon keresztül, és feszítsd meg az egész tested, amíg hatig számolsz.

Fújd ki a levegőt a szádon keresztül kettős kilégzéssel – „Hu, hú!" –, és oldj ki a testedből minden feszültséget.

Ismételd meg ezt háromszor.

❖ ❖ ❖

Az ájtatos hívő, aki bebocsátást kíván nyerni Isten birodalmába, üljön mozdulatlanul a megfelelő meditatív testtartásban, egyenes gerinccel, s feszítse meg és lazítsa el a testét – ugyanis az ellazulás révén a tudat felszabadul az izmokból.

Tanulj meg meditálni

A jógi a helyes légzéssel kezdi – beszívja a levegőt, és megfeszíti egész testét, majd kifújja a levegőt, és ellazul, s ezt többször is megismétli. Minden egyes kilégzéssel feloldja az izomfeszültséget, és elcsitítja a mozgást, amíg el nem jut a testi mozdulatlanság állapotába.

Ezután a megfelelő koncentrációs technikákkal elcsitítja az elme nyughatatlan csapongását is. Ekként a jógi a tökéletes testi és szellemi nyugalom állapotában élvezheti a lélek jelenlétének kimondhatatlan békességét.

A test templomában az élet honol; az elme templomában a fény honol; a lélek templomában a békesség honol. Minél mélyebbre merül az ember a lelkében, annál inkább eltölti e békesség; ez a szupertudatosság. Amikor mélyebb meditációban az ájtatos hívő kiterjeszti a békesség eme érzetét, és azt tapasztalja, hogy tudata vele együtt terjed tova az univerzumban, mígnem e békesség minden teremtett lényt és az egész teremtést magába nem nyeli, akkor lép be a Kozmikus Tudatba. E békét érzi mindenben – a virágokban, valamennyi emberi lényben, a légkörben. Látja, hogy a föld és a többi világ mind megannyi buborékként lebeg a békesség eme óceánján.

A benső béke, amelyet az ájtatos hívő a meditáció során először észlel, a saját lelke; mélyebbre merülvén a béke mindent betöltő, hatalmasabb árja, az Isten. Az ájtatos hívő, aki megtapasztalja a mindenséggel alkotott egységét, fellelte Istent határtalan, benső érzékelése templomában.

Ahol A Fény Honol

Összpontosíts a lélek békéjére és örömére

Őrizd meg higgadtságod... mondj búcsút az érzékek világának – a látásnak, a hallásnak, a szaglásnak, az ízlelésnek és a tapintásnak –, és mélyedj el önmagadban, ahol a lelkünk megnyilatkozik...

Vess el minden testi érzetet; rekessz ki minden nyughatatlan gondolatot. Összpontosíts a békesség és az öröm gondolatára.

❖ ❖ ❖

A mennyek országának kapuja a transzcendens tudat kifinomult központjában rejlik, a két szemöldökünk közötti pontban. Ha a koncentrálóképesség e székhelyére fókuszálod figyelmed, roppant spirituális erőt és támaszt meríthetsz odabentről. Érezd, ahogyan a tudatod kiterjed az isteni tudatba. Érezd, hogy többé nincsenek korlátaid, nem kötődsz a testedhez, csak haladsz mind beljebb és beljebb Isten országába, amelybe a spirituális szemen át léphetsz be.[2]

Imádkozz velem: „Mennyei Atyám, nyisd fel spirituális szemem, hogy beléphessek a Te mindenütt jelenlévő birodalmadba.

---

[2] Az intuíció és a mindenütt jelenlévő érzékelés egyetlen szeme a Krisztus-*(Kutasztha)* középpontban *(adzsna-csakra)*, a szemöldökök között, amely az isteni tudat végső állapotaiba történő belépés helye. A spirituális szem felnyitása és tudatával ebbe való behatolás révén az ájtatos hívő egyre magasabb állapotokat tapasztal meg: a szupertudatosságot, a Krisztus-tudatot és a Kozmikus Tudatot. Ennek módszerei a Krijá-jóga meditációs tudományának részét képezik – olyan sajátos technikák, amelyeket a Paramahansza Jógánanda által kidolgozott *Self-Realization Lessons* tanulmányozói tanulnak.

Tanulj meg meditálni

Atyám, ne hagyj hátra a nyomorúság e halandó világában; vezess engem a sötétségből a fényre, a halálból a halhatatlanságba, a tudatlanságból a végtelen bölcsességbe, a szomorúságból az örök örömbe."

A meditáció mélyebb jógatudománya

A *Rádzsa-jóga*, az Istennel való egyesülés királyi útja az a tudomány, amelynek segítségével ténylegesen ráeszmélhetünk Isten bennünk rejlő birodalmára. A befelé fordulás szent jógatechnikáinak gyakorlásával, amelyeket egy valódi gurutól kaphatunk meg beavatásunk részeként, az ember képes meglelni e birodalmat azáltal, hogy felébreszti az életerő és a tudat asztrális és kauzális központjait a gerincben és az agyban, amelyek a transzcendens tudat mennyei tájainak kapui.[3]

❖ ❖ ❖

Az imádság önmagában nem elegendő. Sokan csodálkoznak rajta, hogyan lehetséges, hogy olyan áhítatosan fohászkodnak, mégsem kapnak választ Istentől. Ezek az emberek nem tudják, hogyan kell meditálni. És emiatt van szükség a jógára. Ha az Önmagunkra eszmélés jógatechnikáit alkalmazod, bízvást eléred célodat. A jóga nem pusztán arra tanít, hogy higgy, és elnyered a megváltást, hanem azokat a tudományos törvényeket és technikákat is segít elsajátítanod, amelyek segítségével megérezheted Istent a saját tudatodban. Isten csak akkor felel neked egyértelműen, ha

---

3 Lásd a *Rádzsa-jóga,* a *Krijá-jóga* és a *csakrák* kifejezést a szójegyzékben.

valóban közösségre lépsz Vele – addig azonban nem. Hiszen nem is teheti. Ha a tudatodat bezárod a tudatlanságod ajtaja mögé, Isten nem tud belépni rajta. Ám amint kitárod ezt az ajtót, Isten megnyilatkozik neked; és e feleszmélésben egyszerre minden lehetségessé válik. Az erőfeszítést mindenesetre neked kell megtenned. Ha leülsz meditálni, ám az elméd egyik tárgyról a másikra csapong, nem fogsz rátalálni Istenre. Ha viszont rendszeresen gyakorlod a technikákat, bizonnyal megleled Őt.

Vezetett meditációs gyakorlat

Meditáljunk.

Érezd, hogy eltölt Isten teremtő, életadó energiája.

Érezd, hogy Isten örökkévaló tudata megnyilvánul testedben, eltörölve a múltbéli kudarcok, a félelem, a betegség és az öregség halandó tudatát.

Ismételd el magadban mély összpontosítással:

„Atyám, Te jelen vagy a testemben, az elmémben, a lelkemben. A Te képmásodra teremttettem. Áldd meg hát a testem, az elmém és a lelkem, hogy a Te örökkévaló ifjúságoddal, hatalmaddal, halhatatlanságoddal és örömöddel fényeskedjen.

Aum. Békesség. Ámen."

Meditáció a lelki békén

Gondolatban szólj Istenhez szíved hevével és őszinteségével. Tudatosan hívd meg Őt a csend templomába; s mélyebb meditációban találj rá az elragadtatás és üdvös boldogság szentélyében. Gondolataid és érzéseid útján küldd el Néki szeretetedet teljes szívedből, elmédből, lelkedből és minden erőddel. Lelked intuíciója

Tanulj meg meditálni

révén érezd, ahogyan Isten megnyilvánulása sugárzó békességként és örömként tör át nyugtalanságod felhőin. A békesség és öröm Isten hangja, amelyet már régóta elfojtott tudatlanságod, elnyomott és feledésre ítélt az emberi szenvedélyek lármája.

Isten országa ott rejlik közvetlenül lehunyt szemed sötétjén túl, s az első kapu, amely eme országba nyílik, lelkednek békessége. Fújd ki a levegőt, és lazíts, s érezd, ahogy ez a béke mindenütt szétárad – benned és kívüled. Merülj meg e békességben.

Szívd be mélyen a levegőt. Majd fújd ki. Most pedig felejtsd el a légzést, és ismételd velem:

Atyám, elcsitultak a világ és a mennyek hangjai.
A csend templomában lakozom.
Örökkévaló békességbirodalmad szférái boltosodnak tekintetem előtt. Add, hogy e határtalan birodalom, amely oly soká rejtőzött a sötétben, most már mindenkor megnyilvánuljon bennem.
A békesség betölti testemet; betölti szívemet, és ott lakozik szeretetemben; békesség honol bennem és kívülem, mindenütt.
Isten a békesség. Én az Ő gyermeke vagyok. Magam vagyok a békesség. Isten és én egyek vagyunk.
A határtalan békesség körbeveszi egész életem, és létezésem minden pillanatát áthatja. Békesség önmagamra; békesség a családomra; békesség a nemzetemre és a világra; békesség a kozmosz egészére.
Jóakarat minden nemzetnek és valamennyi eleven lénynek; hiszen mindnyájan a testvéreim ők, és Isten a mi közös

Atyánk. A Világ Egyesült Államaiban élünk, s Isten és az Igazság vezérel minket.

Mennyei Atyám, jöjjön el a Te békességed országa a földre, amiként a mennyekben is uralkodik, hogy mindnyájan megszabaduljunk a minket megosztó békétlenkedéstől, és tökéletes polgárai legyünk testben, elmében és lélekben a Te világodnak.

Meditálj, amíg meg nem kapod az isteni választ

Összpontosíts továbbra is a Krisztus-tudat központjára a szemöldökeid között, s imádkozz áhítatosan Istenhez és az Ő nagy szentjeihez. Szíved nyelvén szólva idézd meg jelenlétüket, és kérd áldásukat. A legcélravezetőbb gyakorlat elmondani egy megerősítést vagy imádságot, és átlényegíteni áhítatos vágyakozásoddal. Csendben szólj és imádkozz Istenhez, figyelmedet a szemöldökeid közötti pontra fókuszálva, amíg meg nem érzed Isten válaszát a megnyugvással eltöltő, mélységes béke és benső öröm formájában.

❖ ❖ ❖

Amikor kitartó gyakorlásod eredményeképpen meditációd kezd elmélyülni, megtörténhet, hogy fényes derengést látsz, meghallod az asztrális hangokat, vagy egy szent látomása tárul eléd. Eleinte talán puszta érzékcsalódásként könyveled el e jelenségeket, ám amint tovább meditálsz vágyakozással és áhítattal eltelve, s a törvényt alkalmazva, meg fogod látni, hogy csodálatos dolgok mennek végbe életedben titokzatos módokon...

Tanulj meg meditálni

Isten hajlandó felelni neked; Ő megerősít és utat mutat mindenben – a barátaid vagy üzleti partnereid megválasztásától egészen a hétköznapi döntésekig –, ha összehangolódsz Ővele.

4. FEJEZET

Felülemelkedni a szenvedésen

Szüntelen azon perlekedtem Mennyei Atyámmal, hogy miért a fájdalom próbatételével téríti vissza magához a saját képére teremtett emberi lényeket. Én bizonykodom az Atyának, hogy a fájdalom egyet jelent a kényszer alkalmazásával; a meggyőzés és a szeretet jobb módszerek arra, hogy visszavezessék az emberi lényeket a mennybe. Jóllehet tudom a választ, e ponton mindig civakodtam Istennel, hiszen ő megért engem, ahogyan az atya megérti gyermekét.

❖ ❖ ❖

Milyen tragikus ez a világ! A bizonytalanság uralkodik benne. De bármi történt is veled, ha Atyád lábai elé veted magad, és könyörületességéért folyamodsz, Ő felemel téged, és megmutatja, hogy az élet csupán egy álom.[1]

❖ ❖ ❖

Elmesélek neked egy rövidke történetet. Egyszer egy király elaludt, és azt álmodta, hogy koldusszegény. Álmában sírva könyörgött csupán pár fillérért, hogy meglegyen a betevő falatja. Végül a királyné felébresztette, és kérdőre vonta:

---

1 Lásd a *májá* kifejezést a szójegyzékben.

Felülemelkedni a szenvedésen

– Ugyan mi bajod van? A kincstárad teli van arannyal, te mégis pár fillérért rimánkodsz?

Mire a király így felelt:

– Ó, minő balgaság. Álmomban azt hittem, hogy koldus vagyok, és csak az a pár fillér menthet meg a koplalástól.

Ugyanilyen káprázatban él minden lélek, amelyik halandónak álmodja magát, s azt hiszi, hogy bármikor meggyötörhetik a legkülönfélébb nyavalyák, szenvedések, bajok és szívfájdalmak lidércnyomásai. E rémálomból egyedül úgy menekülhet meg, ha erősebben kötődik Istenhez, és gyengébben e világ álomképeihez.

❖ ❖ ❖

Isten tervében szemernyi kegyetlenség sincsen, hiszen az Ő szemében nem létezik jó és gonosz – csupán a fény és árnyék képei. Az Úr rendelése, hogy úgy szemléljük az élet kettősségen alapuló jeleneteit, ahogyan Ő maga teszi – egy lenyűgöző, kozmikus dráma örökké derűs Szemtanújaként.

Az ember hamisan azonosult az ál-lélekkel, avagy egóval. Amikor átviszi azonosságtudatát valódi lényére, a halhatatlan lélekre, egyszerre felfedezi, hogy minden fájdalom valótlan. Ezután már *elképzelni* sem tudja a szenvedés állapotát.

❖ ❖ ❖

A szupertudatosság az emberben isteni eredetű, s ekként mentes a fájdalomtól. Testünk és elménk minden szenvedése az azonosulás, a képzelgés és a helytelen gondolkodási szokásaink következménye.

❖ ❖ ❖

Szilárdítsd meg jobban elmédet. Fejleszd ki erőit olyannyira, hogy bármi ér is, rendületlenül állj, bátran szembenézve az élet minden kihívásával. Ha szereted Istent, hinned kell benne, és fel kell készülnöd, hogy eltűrd a rád zúduló megpróbáltatásokat. Ne félj a szenvedéstől. Őrizd meg elméd pozitív hozzáállását és erejét. A te benső megtapasztalásod az, ami mindennél fontosabb.

❖ ❖ ❖

A képzeleteddel súlyosbítod a szenvedést. Az aggodalmaskodás és az önsajnálat nem enyhíti fájdalmadat, inkább csak tovább erősíti. Tegyük fel például, hogy valaki árt neked, s te addig tépelődsz rajta, mígnem az összes barátod erről beszél, és együtt érez veled. Minél többet gondolsz a sérelmedre, annál inkább felnagyítod – s *vele* a szenvedésedet is.

❖ ❖ ❖

Egyesek sosem feledkeznek meg a temérdek átélt szenvedésről, s a szörnyű fájdalomról, amelyet egy húsz évvel korábban elvégzett műtét okozott nekik! Újra meg újra felelevenítik hajdani betegségük tudatát. Ugyan minek felidézni az ehhez hasonló élményeket?

❖ ❖ ❖

A leghatékonyabban úgy függetleníted magad a problémádtól,

Felülemelkedni a szenvedésen

hogy gondolatban elkülönülsz tőle, mintha pusztán szemlélő volnál, s mindeközben buzgón kutatod bajod gyógyírját.[2]

❖ ❖ ❖

Tény, hogy ha megtanulsz anélkül élni a testedben, hogy önmagaddal azonosítanád, sokkal kevesebbet fogsz szenvedni. Csupán az elme kapcsol össze téged testi fájdalmaiddal. Amikor alszol, és nem vagy tudatában a testednek, fájdalmat sem érzel. Hasonlóképpen, amikor az orvos vagy fogász fájdalomcsillapítót ad, és úgy végez műtéti beavatkozást a testeden, szintúgy nem érzel fájdalmat. Ilyenkor egyszerűen arról van szó, hogy az elme elkülönült az érzettől.

❖ ❖ ❖

Viseld gondját a testednek, de mindenkor állj felette. Légy tisztában azzal, hogy független vagy halandó formádtól. Húzz fel erős szellemi várfalat az elméd és a tested közé. Erősítsd meg magadban: „Különállok a testemtől. Sem hőség, sem hideg, sem betegség nem érhet el hozzám. Én szabad vagyok." S ekként mind kevésbé leszel behatárolt.

❖ ❖ ❖

A legjobb fájdaloműző-érzéstelenítő az elme hatalma. Ha

---

[2] A súlyos vagy makacs egészségügyi problémákban – fájdalmakban és egyéb tünetekben – szenvedőknek az orvos tanácsát kell követniük.

elméd nem hajlandó elfogadni, a fájdalom jelentősen enyhül. Magam tapasztaltam, amikor e testet sérülés érte, és súlyos fájdalom gyötörte, hogy ha a Krisztus-központra[3] fókuszáltam az elmém – vagyis inkább Istennel azonosultam, semmint a testemmel –, egyáltalán semmi fájdalmat nem éreztem. Tehát amikor jelentkezik a fájdalom, koncentrálj a Krisztus-központra. Különülj el elmédben a fájdalomtól; fejleszd ki jobban szellemi erőidet. Légy ellenálló. Amikor fájdalom gyötör, mondd magadban: „Nem bánthat engem." Ha sérülés ér, tudatosítsd magadban, hogy kezelned kell, de ne szenvedj miatta. Minél határozottabban összpontosítasz elméd erejére, annál inkább elhalványul testtudatosságod.

❖ ❖ ❖

„A fájdalom és a gyönyör mulandó – mondotta Srí Juktésvar[4] a tanítványainak. – Viseljetek minden kettősséget higgadtan, ugyanakkor próbáljátok kivonni magatokat a hatásuk alól!"

❖ ❖ ❖

---

3 Az isteni tudat és spirituális érzékelés ama tiszta szemének helye a szemöldökök közötti pontban, amelyről Jézus beszélt, mondván: „Ha azért a te szemed tiszta, a te egész tested világos lesz" (Mát 6:22) Az isteni egyesülés állapotában lévő szenteket gyakran ábrázolják felfelé, e központ irányába fordított tekintettel. Lásd a szójegyzéket.
4 Szvámi Srí Juktésvar (1855–1936) volt Paramahansza Jógánanda guruja (spirituális tanítója). Srí Juktésvar életét tanítványa az *Egy jógi önéletrajza* című művében írta le.

Felülemelkedni a szenvedésen

A negatív körülmények közepette fejts ki „ellenállást" úgy, hogy pozitív és építő módon gondolkodsz és cselekszel. Gyakorold a *titiksá*t[5], ami azt jelenti, hogy nem adod át magad a kellemetlen tapasztalatoknak, hanem ellenállsz nekik anélkül, hogy elmédben zaklatottá válnál. Ha megbetegszel, kövesd életviteledben a higiénia szabályait anélkül, hogy a betegség elméd nyugalmát megzavarná. Ne hagyd magad háborítani semmilyen tevékenységedben.

❖ ❖ ❖

Akár szenvedsz e világi életedben, akár bőséged és hatalmad teljében mosolyogsz, tudatodnak változatlannak kell maradnia. Ha képes vagy mindenkor megőrizni kiegyensúlyozottságodat, soha semmi sem lehet ártalmadra. Valamennyi nagy mester élete azt tanúsítja, hogy elérték ezt az áldott állapotot.

❖ ❖ ❖

A meditáció az a módszer, amellyel meg kell próbálnod felülemelkedni a káprázaton, és megismerni valódi természetedet. Ha képes vagy megtartani e tudatállapotot úgy a tevékenységeidben, mint meditáció közben, akkor felülemelkedsz Isten eme álomvilágán. Számodra véget ér ez az álom. Ezért hangsúlyozta az Úr Krisna[6], hogy ha a Szellem szabadságára vágysz, minden

---

5 Szanszkrit, „kitartás és kiegyensúlyozott kedély".
6 Egy avatár (isteni megtestesülés), aki korszakokkal a kereszténység előtt élt az ősi Indiában. A halhatatlan szentírást, a Bhagavad-gítát az Úr Krisna tanítványá-

körülmények között meg kell őrizned elméd kiegyensúlyozottságát: „Kit mindezek (az érzékelés tárgyairól nyert észleletek) nem háboríthatnak, ki higgadt és kiegyensúlyozott kínban s gyönyörben egyaránt, egyedül az alkalmas rá, hogy elérje az örökkévalóságot!"[7]

❖ ❖ ❖

Amikor az aggodalmak, a kórság és a halál fenevadjai vannak a sarkadban, egyetlen menedéked a csend temploma bensődben. A mélyen spirituális ember éjjel-nappal megnyugtató benső csendben él, amelybe nem hatolhat be a fenyegető aggodalmak serege, de még az összeütköző világok robaja sem.

❖ ❖ ❖

Semmiféle érzet vagy mentális kínszenvedés nem gyötörhet téged, ha elméd elkülönül tőle, és Isten békességének és örömének biztos révében horgonyoz.

Isten gyógyító hatalma

Szükségleteinkről kétféleképpen gondoskodhatunk. Az egyik a materiális módszer. Ha például gyengélkedünk, elmehetünk az orvoshoz, hogy kezeljen bennünket. Ám eljön az az idő, amikor

---

val, Ardzsunával a kuruksetrai csatamezőn folytatott beszélgetései alkotják. Lásd a *Bhagaván Krisna* és *Bhagavad-gítá* kifejezéseket a szójegyzékben.

7 Bhagavad-gítá II:15

Felülemelkedni a szenvedésen

többé semmiféle emberi beavatkozás nem segíthet. Ekkor folyamodunk a másik módszerhez, a Spirituális Hatalomhoz, testünk, elménk és lelkünk Alkotójához. Az anyagi világ hatalma behatárolt, és amikor csődöt mond, akkor a határtalan Isteni Hatalomhoz fordulunk. Ugyanez a helyzet pénzügyi szükségleteinkkel is: ha már minden tőlünk telhetőt megtettünk, és még ez is kevés, akkor e másik Hatalomhoz fordulunk.

❖ ❖ ❖

Isten megismerése a leghatékonyabb módja minden – testi, mentális vagy spirituális – betegség orvoslásának. Ahogyan a sötétség szertefoszlik a fény jelenlétében, éppúgy űzi el a betegség sötétjét Isten tökéletes jelenlétének fénye, amikor átjárja a testet. Ahogyan nem létezhet sötétség ott, ahol a fény honol, éppúgy Isten tökéletes jelenlétének fénye amikor belép a testbe, elűzi a betegség sötétjét.

❖ ❖ ❖

Isten végtelen hatalma munkál valamennyi gyógymód hátterében, legyen bár fizikai, szellemi vagy vitális.[8] Erről a tényről sosem szabad megfeledkeznünk, ugyanis ha az ember a *módszerre*

---

8 A „vitális" gyógyítás annyit jelent, hogy a kozmikus energiából, vagyis abból az intelligens, atominál finomabb energiából, az élet egyetemes princípiumából merítünk, amely révén Isten a teremtés egészét fenntartja. Lásd a *prána* kifejezést a szójegyzékben.

hagyatkozik, nem pedig *Istenre*, automatikusan gátolja és behatárolja a gyógyító erő szabad áramlását.

❖ ❖ ❖

A te feladatod felhívni Isten figyelmét a szükségletedre, és tőled telhetően segíteni Istent e vágy valóra váltásában. Ha például krónikus betegségben szenvedsz, tégy meg minden tőled telhetőt a gyógyulásod előmozdítására, de légy tisztában azzal, hogy végső soron egyedül Isten segíthet.

❖ ❖ ❖

Az oltalom kiapadhatatlan forrását biztosítja az embernek abbéli szilárd vélekedése, hogy Isten gyermekeként semmiféle betegség nem érintheti.

❖ ❖ ❖

Tégy meg minden tőled telhetőt a betegség okának megszüntetése érdekében, azután pedig egy cseppet se félj. Annyi kórokozó nyüzsög mindenhol, hogy ha elkezdesz rettegni tőlük, egyáltalán nem tudod élvezni az életet… Légy rettenthetetlen.

❖ ❖ ❖

Bensődben szüntelenül mosolyogj. Mély, lüktető örömmel telve légy mindig tettre kész, és lobogjon benned mások megsegítésének spirituális becsvágya. E hozzáállás fenntartása nem

Felülemelkedni a szenvedésen

csupán az elme számára jó gyakorlat, de a testedet is folyamatosan feltölti friss, kozmikus energiával.

❖ ❖ ❖

Aki rálel önmagában az örömre, felfedezi, hogy a teste telítve van villamossággal, életenergiával, amelynek forrása nem a táplálék, hanem az Isten. Ha úgy érzed, hogy nem tudsz mosolyogni, állj a tükör elé, és ujjaiddal húzd mosolyra ajkaid. Ennyire fontos dolog ez!...
Ha az ember kedélye derűs, segítségül hívja Isten kimeríthetetlen hatalmát. És itt szívből fakadó derűre gondolok, nem olyanra, amit a külvilágnak színlelsz, ám a bensődben nem érzel. Ha örömöd szívből jön, akkor mosoly-milliomos vagy. Egyetlen őszinte mosoly is szétárasztja a kozmikus áramot, a *pránát* tested minden sejtjébe. A boldog ember kevéssé fogékony a betegségre, ugyanis a boldogság ténylegesen nagyobb utánpótlást vonz a testbe az egyetemes életenergiából.

❖ ❖ ❖

Elménk boltozata rejti súlyos rabláncainkat és szabadságunk kulcsait egyaránt.

❖ ❖ ❖

Elméd hatalma hordozza Isten kiapadhatatlan energiáját; azt az erőt, amelyet a testedben szeretnél. És annak is megvan a módja, hogyan tehetsz szert erre az erőre: úgy, hogy eggyé válsz

41

Istennel meditáció révén. Ha a Vele való eggyé válásod tökéletes, a gyógyulásod is végleges.

A megerősítés és imádság hatalma

A múltban talán megesett, hogy kiábrándultál, mert imádságod nem talált meghallgatásra. Azonban ne veszítsd el a hited... Isten nem holmi süket és érzéketlen Lény. Ő maga a szeretet. Ha tudod, hogyan lépj kapcsolatba Vele meditáció útján, Nála minden szeretetteljes kívánságod meghallgatásra fog találni.

❖ ❖ ❖

Ha pontosan tudjuk, hogyan és mikor imádkozzunk szükségleteink természete szerint, a kívánt eredmény nem marad el. Amennyiben a helyes módszert alkalmazod, mozgásba lendíted Isten megfelelő törvényeit, márpedig e törvények működése tudományos pontossággal meghozza az eredményt.

❖ ❖ ❖

Az imádság első szabálya az, hogy csak helyénvaló vágyakkal közelítsünk Istenhez. A második pedig az, hogy ne koldusként könyörögjünk, hanem fiúként fohászkodjunk beteljesülésükért: „Én a Te gyermeked vagyok, te az én Atyám. Te és én egyek vagyunk." Ha szüntelenül és szívből jövően imádkozol, érezni fogod, hogy ujjongó öröm tör fel a szívedből. Folytasd az imát, amíg ez az öröm fel nem buzog benned; amikor e maradéktalan elégedettséget hozó örömöt megérzed a szívedben, bizton tudhatod, hogy Isten ráhangolódott az általad sugárzott imádságra.

Felülemelkedni a szenvedésen

Ekkor így fohászkodj a te Atyádhoz: „Uram, erre van szükségem. Hajlandó vagyok megdolgozni érte; kérlek, vezérelj engem, és terelj a megfelelő gondolatok és cselekedetek útjára, amelyek meghozzák számomra a sikert. Használni fogom a józan eszem, és eltökélten munkálkodom, de vezéreld Te értelmem, akaratom és tevékenységem a megfelelő teendők felé."

❖ ❖ ❖

Bensőségesen kell imádkoznod Istenhez, a gyermekeként, aki valójában vagy. Isten nem tiltakozik, ha az egódból fakadóan imádkozol, miként egy idegen vagy egy koldus, ám azt fogod észrevenni, hogy erőfeszítéseidnek határt szab ez a tudatállapot. Isten nem várja tőled, hogy feladd a saját akaraterődet, amely az Ő gyermekeként születésed jogán megillet.

❖ ❖ ❖

Ha szakadatlanul követeljük kívánságunkat,[9] ha lankadatlan buzgalommal és rendületlen bátorsággal és hittel suttogjuk el újra meg újra, akkor e kívánság dinamikus erővé alakul, amely oly módon befolyásolja az ember tudatos, tudat alatti és szupertudatos

---

9 Paramahansza Jógánanda tanítása szerint: „Az imádság gyakran a könyörgő koldus tudatállapotát vonja magával. Pedig mi Isten gyermekei vagyunk, nem koldusok, és ekként jogosultak vagyunk isteni örökségünkre. Ha megteremtettük a szereteten alapuló kapcsolatot a saját lelkünk és Isten között, jogunk van szeretetteljesen *megkövetelni* helyénvaló imádságaink teljesítését." Ez az elv – miszerint követelhetjük Istentől a születésünknél fogva minket megillető jogokat – biztosítja a megerősítésekben rejlő megelevenítő erőt.

Ahol A Fény Honol

erőinek teljes skáláját, hogy elérjük az óhajtott célt. Gondolatban szakadatlanul, a kudarcoktól el nem tántorodva kell suttognunk fohászunkat, s ekkor a hőn áhított cél valóra válik.

A megerősítés technikája

A hang végtelen hatóképessége a Teremtő *Aum*[10] Igéből, az atomi energiák hátterében álló, kozmikus rezgési erőből fakad. Minden olyan szó rendelkezik megvalósító értékkel, amelyet világos megértéssel és mély összpontosítással ejtünk ki.

❖ ❖ ❖

Az őszinteséggel, meggyőződéssel, hittel és intuícióval telített szavak olyanok, mint a rendkívül robbanékony rezgésbombák, amelyek detonációja porrá zúzza a nehézségek szikláit, és létrehozza a kívánt változást.

❖ ❖ ❖

A betegség vagy egészség eszméjének tudat alatti beidegződése erőteljes befolyást gyakorol állapotunkra. A makacs testi vagy mentális betegségek mindig mélyen gyökereznek a tudatalattiban. Nyavalyáinkat úgy kúrálhatjuk ki, ha kitépjük rejtett gyökereiket. Ezért kell a tudatos elme megerősítéseinek elég *hathatósnak* lenniük ahhoz, hogy átjárják tudatalattinkat, amely aztán

---

10 A nagy Ámen, avagy „Isten Igéje". Lásd az *Aum* kifejezést a szójegyzékben.

Felülemelkedni a szenvedésen

automatikusan befolyásolja a tudatos elmét. A hatékony, tudatos megerősítések ekként a tudatalatti közegén keresztül fejtik ki hatásukat az elmére és a testre. A még hatékonyabb megerősítések nem csupán a tudatalattit érik el, hanem a szupertudatos elmét is – a csodálatos erők e bűvös tárházát.

❖ ❖ ❖

A türelem és a figyelmes, értelemmel áthatott ismétlés csodákat művel. A test és az elme krónikus nyavalyáinak gyógyítására szolgáló megerősítéseket gyakran, szívből jövőn és folyamatosan kell ismételnünk[11] (teljesen figyelmen kívül hagyva állapotunk esetleges változatlanságát vagy eltérő voltát), amíg mélységes, ösztönszintű meggyőződéseinkké nem válnak.

❖ ❖ ❖

Válaszd ki megerősítésedet, és ismételd el először fennhangon, majd egyre halkabban és lassabban, amíg a hangod suttogássá csitul. Azután fokozatosan juss el odáig, hogy már csak gondolatban ismételd megerősítésedet a nyelved és az ajkaid mozgatása nélkül, amíg úgy nem érzed, hogy eljutottál a mély és zavartalan összpontosítás – nem az öntudatlanság, hanem a háborítatlanul áramló gondolat alapvető folytonosságának – állapotába.

---

11 E könyv minden fejezetének végén közlünk bizonyos konkrét célokra szolgáló megerősítéseket. Paramahansza Jógánanda *Tudományos gyógyító megerősítések, Metafizikai elmélkedések,* illetve *Self-Realization Lessons* című műveiben több száz másik megerősítést is ismertet a gyógyítás, az önfejlesztés és az Isten-tudatosság elmélyítésének céljára.

Ahol A Fény Honol

Ha tovább ismételgeted elmédben a megerősítést, és még mélyebbre merülsz, az öröm és békesség egyre intenzívebb érzésére leszel figyelmes. A mély összpontosítás állapotában megerősítésed beleolvad a tudatalatti folyamába, hogy később fokozott hatóerővel térjen vissza, s a szokás törvényének erejével befolyásolja tudatos elmédet.

Miközben egyre jobban elárad benned a békesség érzése, megerősítésed még mélyebbre hatol, s eljut a szupertudat birodalmába, hogy azután ismét a felszínre bukkanva korlátlan hatalommal befolyásolja tudatos elméd, s beteljesítse vágyaid. Ne kételkedj, és tanúja leszel a tudományosan megalapozott hit e csodájának.

❖ ❖ ❖

A kívánságok vagy megerősítések vak ismételgetése, amelyet nem kísér áhítat vagy spontánul áradó szeretet, az embert pusztán holmi „imádkozó gramofonná" teszi, ami nincs is tisztában fohásza jelentésével. Az imádságok fennhangon történő, gépies ledarálása, miközben a gondolataink valami egészen máson járnak, nem talál meghallgatásra Istennél. Szavaink céltalan szajkózása, amelynek során hiábavalóan vesszük a szánkra Isten nevét, meddő próbálkozás marad. Ha ellenben egyre mélyülő figyelemmel és áhítattal ismételjük el kívánságunkat vagy megerősítésünket gondolatban vagy szóban, akkor imádságunk átszellemültté válik, s tudatos és hittel áthatott fohászunk ismételgetése szupertudatos élménnyé magasztosul.

❖ ❖ ❖

Felülemelkedni a szenvedésen

Elmélkedj a választott kívánság mibenlétén mindaddig, amíg lényed részévé nem válik. Meditáció közben hasd át kívánságodat áhítattal. Ahogy meditációd egyre mélyül, erősítsd tovább áhítatodat, és gondolatban úgy ajánld fel a kívánságod, mint ami a szíved legmélyéből fakad. Járja át lényedet a hit, hogy szíved hő vágyát, amely e konkrét kívánságban jut kifejezésre, Isten is érzékelje.

Érezd át, hogy közvetlenül áhítatos kívánságod fátyla mögött Isten figyelmesen hallgatja lelked csendes szavait. Érezd ezt át! Válj eggyé szíved kívánságával – és légy szilárdan meggyőződve arról, hogy fohászod Istennél meghallgatásra lelt. Azután térj vissza kötelességeidhez, s ne latolgasd, vajon Isten teljesíti-e majd kívánságodat. Higgy benne megingathatatlanul, hogy kívánságod megértő fülekre talált, s hogy meg fogod látni: ami Istené, az egyben a tiéd is. Szüntelenül meditálj Istenen; és amikor megérzed Őt, elnyered jogos örökségedet az Ő isteni fiaként.

❖ ❖ ❖

„Az Úr mindenkinek válaszol, és mindenkiért egyaránt munkálkodik – mondta Srí Juktésvar. – Az emberek ritkán ébrednek rá, milyen sokszor meghallgatja Isten az imádságaikat. Ő nem kivételezik senkivel, hanem mindenkit meghallgat, aki bizalommal közelít Hozzá. Gyermekeinek mindig magától értetődően hinniük kell Mindenható Atyjuk szívjóságában."

❖ ❖ ❖

A hitet ápolnunk kell, vagy legalábbis fel kell tárnunk

önmagunkban. Ott rejlik bennünk, épp csak felszínre kell hoznunk. Ha szemügyre veszed az életedet, láthatod, hogy Isten számtalan úton-módon munkál benne, s a hited ekként megerősödik. Kevesen fürkészik az Ő rejtett keze munkáját. Az emberek zöme természetesnek és elkerülhetetlennek tekinti az események folyását. Vajmi kevés fogalmuk van arról, milyen gyökeres változások vihetők végbe imádság révén!

Ápold a hitedet Istenben

Az Istenbe vetett feltétlen és megingathatatlan hit az azonnali gyógyulás leghatékonyabb módszere. Az embernek legmagasabb rendű és leggyümölcsözőbb kötelessége szakadatlanul iparkodni e hit felébresztésén.

❖ ❖ ❖

Ha meg vagy győződve Isten létéről, az korántsem ugyanaz, mint amikor hiszel Őbenne. A meggyőződés mit sem ér, ha nem teszed próbára, és nem merítesz belőle életedben. A hit a tapasztalattá alakított meggyőződésből születik.

❖ ❖ ❖

Meglehet, hogy szeretnél hinni; talán még úgy is gondolod, hogy hiszel; de ha valóban hiszel, az eredmény azonnali lesz.

❖ ❖ ❖

A hitet nem lehet megcáfolni; a hit intuitív meggyőződés az igazságról, amelyet ellentmondó bizonyítékokkal sem lehet

Felülemelkedni a szenvedésen

megrendíteni... Nem is fogod fel, milyen csodálatosan működik ez a nagyszerű erő. Matematikai pontossággal fejti ki hatását; fel sem merülhetnek vele kapcsolatban holmi „kétségek". És éppen ezt érti a Biblia is hit alatt: a szemmel nem látott dolgok *bizonyságát*.[12]

❖ ❖ ❖

Mindig kétségek nélkül hidd, hogy Isten hatalma ott munkál benned, közvetlenül a gondolataid, imádságaid és meggyőződéseid mögött, mindig készen arra, hogy végtelen erővel töltsön el... Vedd tudomásul, hogy Isten szüntelenül ott munkál a bensődben, és mindenkor veled lesz.

❖ ❖ ❖

A Legfelsőbb Hatalmat rendíthetetlen hittel és szakadatlan imádsággal hívhatod magadhoz. Persze helyesen kell étkezned, és minden egyebet is meg kell tenned, amire a testednek szüksége van, de közben folyton imádkozz Hozzá: „Uram, csak Te adhatsz nékem gyógyulást, hiszen Te irányítod testem életenergiával töltött atomjait és rejtett belső folyamatait, amelyekhez az orvosok gyógyszereikkel nem férhetnek hozzá."

❖ ❖ ❖

---

[12] „A hit pedig a reménylett dolgoknak valósága, és a nem látott dolgokról való meggyőződés." (Zsid 11:1)

Örömtől remegő hangon [mondta Láhíri Mahásaja[13]]: „Mindenkor légy tisztában vele, hogy a mindenható Paramátman[14] bárkit képes meggyógyítani, orvosok ide vagy oda."

❖ ❖ ❖

Ez Isten világa. Ő vesz magához vagy tart meg téged. Hiába jelenti ki az orvos, hogy: „Én bizony meggyógyítom magát", ha Isten úgy határoz, hogy magához szólít, akkor menned kell. Őérette éld tehát az életed.

❖ ❖ ❖

A beteg embernek őszintén meg kell próbálnia megszabadulni a bajától. Azután, még ha a doktorok reménytelennek nyilvánítják is az esetét, nyugodtnak kell maradnia, mert a félelem lezárja a mindenható és együtt érző Isteni Jelenlétbe vetett hit szemét. Ahelyett, hogy átadná magát a szorongásnak, meg kell erősítenie: „Mindenkor biztonságban vagyok a Te szerető gondoskodásodnak várában." Ha a félelem nélküli hívő martalékául esik valamely gyógyíthatatlan betegségnek, az Úrra összpontosítja figyelmét, és máris készen áll, hogy teste börtönéből kiszabaduljon az asztrális birodalom dicsőséges, túlvilági életébe. Ezáltal közelebb kerül a végső felszabadulás céljához a következő életében... Minden ember arra rendeltetett, hogy ráeszméljen, a lélek tudata képes diadalmaskodni bármilyen külső csapáson.

---

13 Paramahansza Jógánanda gurujának guruja. Lásd a szójegyzéket.
14 Szanszkrit, „Legfelsőbb Szellem".

Felülemelkedni a szenvedésen

❖ ❖ ❖

A spirituális tekintetben szilárd ember számára még a halál is semmiség. Jómagam egyszer azt álmodtam, hogy haldoklom. Mindazonáltal zavartalanul imádkoztam Hozzá: „Uram, bármi légyen is a Te akaratod, az helyénvaló." Azután Ő megérintett, és én ráeszméltem az igazságra: „Hogyan is halhatnék meg? Az óceán hulláma nem semmisülhet meg; csak visszasüllyed az óceánba, hogy azután újból feltámadjon. A hullám sosem hal meg, és én sem halhatok meg."

❖ ❖ ❖

[Egy súlyos megpróbáltatásokkal terhes időszakban Paramahansza Jógánanda elvonult a sivatagba, hogy magányosan imádkozzon. Egy éjjel mély meditációban ezt a gyönyörű választ kapta Istentől:]

„Az élet tánca avagy a haláltánc,
tudd, hogy mindkettő Tőlem való, és örvendezz!
Mi többet kívánhatnál annál, hogy Én vagyok neked?"

❖ ❖ ❖

[A szent lelkek példamutató élete az erő és ösztönzés kimeríthetetlen forrásául szolgál mások számára. A szenvedéshez való helyes hozzáállás tökéletes megnyilvánulásra lelt Srí

Gjánamáta (1869–1951)[15] életében, aki Paramahansza Jógánanda egyik legkiválóbb tanítványa volt. Minden ismerősére felemelően hatott ez az asszony csendes hősiességével, lelki szilárdságával és Isten iránti szeretetével, amely az élete utolsó két évtizedében átélt, súlyos testi szenvedések közepette sem rendült meg soha. Paramahanszadzsí a következőket mondta róla temetési búcsúztatójában:]

Nővérünk élete olyan volt, miképpen Szent Ferencé, ki saját szenvedései közepette is másoknak nyújtott segítséget. Igencsak ösztönző példaként áll tehát előttünk. Gyötrelmeinek esztendeiben mindvégig azt mutatta, hogy csak annál nagyobb az Isten iránti szeretete; és e szenvedésnek soha egyetlen árnyékát nem láttam szemében. Ezért mondhatjuk róla, hogy nagy szent – hatalmas lélek –, aki most már Istennel van....

Amikor megnéztem testét a koporsóban, éreztem, hogy Nővérünk immár elvegyült a mindenható éterrel, és hallottam az Atya hangját felcsendülni a bensőmben: „Húszesztendőnyi szenvedés sem foszthatta meg soha Irántam érzett szeretetétől, és ezt nagyra becsülöm az életében." Ehhez semmit sem tudtam hozzátenni, ráeszméltem, hogy a Mennyei Atyának joga van próbára tenni Iránta érzett szeretetünket a fájdalommal akár húsz esztendőn vagy még hosszabb időn át is, hogy cserébe mi is igényt

---

15 Gjánamáta annyit jelent, mint „Bölcsesség Anyja". Mindenkor bölcs és szeretetteljes tanácsokat adott, és bátorítást nyújtott másoknak; ezt gyönyörűen szemlélteti leveleinek gyűjteménye, illetve az életéről szóló beszámoló a *God Alone* című kötetben, amely a Self-Realization Fellowship gondozásában jelent meg.

Felülemelkedni a szenvedésen

támaszthassunk elvesztett, örökkévaló és örökkön új boldogságunkra az Ő képmásaiként.

Azután ismét összeszorult a torkom Isten jelenlétének repeső örömétől, és azt mondtam magamban: „S annál nagyobb teljesítmény az Atya kegyelméből azáltal visszanyerni a folyton megújuló öröm örökkévalóságát, hogy húsz esztendőn át nem engedjük magunkat háborítani a fájdalomtól."

❖ ❖ ❖

Ha az Úrral vagy, kigyógyulsz élet és halál, egészség és betegség káprázataiból. Élj az Úrban. Érezd az Ő szeretetét. Ne félj semmitől. Egyedül az Úr várában lelhetünk oltalomra. Nincs az örömnek biztosabb réve, mint az Ő jelenléte. Amikor Vele vagy, semmi sem érhet.

GYÓGYÍTÓ MEGERŐSÍTÉSEK

Isten tökéletes egészsége átjárja testemben a betegség sötét zugait. Minden sejtemben az Ő gyógyító fénye ragyog. Sejtjeim hibátlanul működnek, hiszen bennük rejlik az Ő tökéletessége.

❖ ❖ ❖

A Szellem gyógyító hatalma keresztülfolyik testem minden sejtjén. Az egyetlen, egyetemes Isten-lényegből teremtettem.

❖ ❖ ❖

Ahol A Fény Honol

A Te tökéletes fényed testem minden részét egyaránt beragyogja. Ahol e gyógyító fény jelen van, ott tökéletesség honol. Egészséges vagyok, hiszen a tökéletesség bennem rejlik.

❖ ❖ ❖

Isten jelenléte az én erősségem. Semmiféle ártalom nem érhet, hiszen minden élethelyzetben – legyen bár fizikai, elmebeli, pénzügyi vagy spirituális – védve vagyok Isten jelenlétének fellegvárában.

5. FEJEZET

Biztonság egy bizonytalan világban

A természetben bekövetkező váratlan világkatasztrófák, amelyek letarolják a vidéket, és embertömegek romlását okozzák, nem „Isten ujjaként" sújtanak le. Az efféle csapások az emberek gondolatainak és cselekedeteinek következményei. Valahányszor a kártékony rezgések felhalmozódása felborítja a világon a jó és a rossz rezgési egyensúlyát az ember gonosz gondolatai és tettei eredményeképpen, pusztulásnak lesztek szemtanúi...[1]

A háborúkat nem a végzetszerű isteni beavatkozás robbantja ki, hanem a széles körben eluralkodó materiális önzés. Száműzzétek az önzést – legyen bár egyéni, ipari, politikai vagy nemzeti –, és nem törnek ki többé háborúk.

❖ ❖ ❖

Azért uralkodnak modern korunkban oly zűrzavaros állapotok szerte a világon, mert istentelen eszmények szerint élünk. Az egyéneket és a nemzeteket csak az óvhatja meg a végső pusztulástól, ha a testvériség, az ipari együttműködés, illetve a földi

---

1 Lásd a lábjegyzetet a 20. oldalon.

javak és tapasztalatok nemzetközi cseréjének mennyei eszményei szerint élnek.

❖ ❖ ❖

Hiszem, hogy el fog jönni egy olyan kor, amikor a teljesebb megértésnek köszönhetően nem lesznek többé határok. Akkor majd az egész földet a hazánknak nevezzük, és a nemzetközi gyűlések igazságos eljárásaival önzetlenül osztjuk fel világunk javait az emberek szükségletei szerint. Azonban az egyenlőséget nem lehet erőszakkal megteremteni, annak szívből kell fakadnia... Most rögtön hozzá kell kezdenünk a folyamathoz, éspedig önmagunkkal. Meg kell próbálnunk olyanná válni, miként azok az isteni személyek, akik újra meg újra eljöttek e világra, hogy megmutassák nekünk az utat. Ha szeretjük egymást, és megőrizzük világos felfogásunkat, ahogyan ők tanították és szemléltették saját példájukkal, a béke igenis beköszönthet.

❖ ❖ ❖

Talán úgy véled, reménytelen megpróbálkoznunk a gyűlölet legyőzésével, és azzal, hogy a szeretet krisztusi útjára tereljük az emberi nemet, ám a szükség még sosem volt ily égető, mint manapság. Az ateista eszmerendszerek a vallás száműzéséért küzdenek. A világ a létezés bősz drámájában masíroz előre. Mi, akik igyekszünk megfékezni a tomboló vihart, nem tűnünk többnek az óceánban kapálózó, aprócska hangyánál; mégse kicsinyeljétek le erőtöket.

❖ ❖ ❖

Biztonság egy bizonytalan világban

Az egyetlen dolog, amely segíthet felszámolni a szenvedést a világban – hatékonyabban, mint a pénz, a hajlék vagy bármely más anyagi segítség –, a meditáció és Isten bensőnkben érzett, mennyei tudatának átadása másoknak. Ezernyi diktátor sem rombolhatja le soha azt, ami a bensőmben rejlik. Mindennap sugározd az Ő tudatát másokra. Próbáld megérteni Istennek az emberiséggel kapcsolatos tervét – hogy minden lelket visszavonzzon Magához –, és munkálkodj az Ő akaratával összhangban.

❖ ❖ ❖

Isten a Szeretet; az Ő teremtéssel kapcsolatos terve kizárólag a szeretetben gyökerezik. Hát nem nyújt ez az egyszerű gondolat minden tudós okfejtésnél több vigaszt az emberi szívnek? Minden szent tanúsította, aki lehatolt a Valóság magjáig, hogy létezik egy egyetemes, isteni terv, amely gyönyörűséges és örömteli.

❖ ❖ ❖

Amint a meditáció során megtanuljuk szeretni Istent, az egész emberiséget úgy fogjuk szeretni, miként a saját családunkat. Akik az Önmagukra eszmélésük révén meglelték Istent – vagyis akik ténylegesen megtapasztalták Istent –, egyedül *azok* képesek szeretni az emberiséget; nem személytelenül, hanem édestestvéreikként, ugyanazon Atya gyermekeiként.

❖ ❖ ❖

Tudatosítsd magadban, hogy ugyanaz az életadó vér csörgedez valamennyi emberfajta ereiben. Hogyan merészelhet bárki gyűlölni egy másik emberi lényt, bármilyen rasszból származzon is, ha egyszer Isten mindnyájukban ott él és lélegzik? Amerikaiak, hinduk vagy más nemzetiségűek csupán néhány röpke esztendőn át vagyunk, azonban mindörökké megmaradunk Isten gyermekeinek. A lelket nem lehet holmi ember alkotta határok közé szorítani; a lélek nemzetisége szerint a Szellem szülötte, hazája pedig a Mindenütt jelenvalóság.

❖ ❖ ❖

Ha kapcsolatba lépsz Istennel önmagadban, tudni fogod, hogy Ő mindenkiben benne rejlik, hogy Őbelőle fakadnak valamennyi rassz gyermekei. Így hát nem lehetsz ellensége senkinek. Ha az egész világ ezt az egyetemes szeretetet sugározná, az embereknek nem volna szükségük arra, hogy felfegyverkezzenek egymás ellen. A saját krisztusi példánkkal kell egységbe forrasztanunk valamennyi vallást, valamennyi nemzetet és emberfajtát.

❖ ❖ ❖

A földi bajok orvoslásához szükséges széles körű együttérzés és józan belátás nem fakadhat pusztán az emberek sokféleségének intellektuális figyelembevételéből, csakis az ember Istennel való legmélyebb egységének – Hozzá fűződő rokonságának – tudatából. A világ legmagasabb eszményének – a testvériségből eredő békének – a megvalósítása felé vezető úton a jóga, az Istenséggel való személyes eggyé válás tudománya alkalmasint a világ minden országának valamennyi lakója körében el fog terjedni.

❖ ❖ ❖

Biztonság egy bizonytalan világban

A világpolitikai események gyászos alakulása kérlelhetetlenül arra az igazságra mutat, hogy spirituális jövőkép nélkül az emberek elvesznek. A tudomány – ha nem a vallás – felébresztette az emberiségben az anyagi dolgok bizonytalanságának, sőt, lényegtelenségének homályos érzését. Márpedig ugyan hová fordulhatna most az ember, ha nem önnön Forrásához és Eredetéhez, a benne lakozó Szellemhez?

❖ ❖ ❖

Az atomkorszakban tanúi leszünk, ahogy az emberek gondolkodása józanabbá válik és kiszélesedik annak az immár tudományosan vitathatatlan igazságnak a hatására, miszerint az anyag valójában összesűrített energia. Az emberi elme képes – és kénytelen – nagyobb energiákat felszabadítani magában, mint amilyen az ásványokban és a fémekben rejlik, nehogy az újonnan elszabadult anyagi atomfenevad oktalan pusztításba kezdjen a világban. Az emberiség atombombák miatti aggodalmának egyik közvetett előnye lehet a megnövekedett gyakorlati érdeklődés a jóga, e valóban „bombabiztos óvóhely" iránt.

❖ ❖ ❖

E világon mindig lesz baj és felfordulás. Miért aggódsz? Lépj be Isten menedékébe, ahová a mesterek mentek, s ahonnan ők szemlélik és segítik a világot. Itt örök oltalomra lelsz nem csupán önmagad, de mindama szeretteid számára is, akiket az Úr, a mi Atyánk a gondjaidra bízott.

❖ ❖ ❖

Ahol A Fény Honol

A valódi boldogság, a maradandó boldogság egyedül Istenben rejlik, „ha bírod azt, kinél nincs nagyobb nyereség"[2]. Csakis benne lelhetsz biztonságot, csakis benne lelhetsz oltalmat és menekvést minden félelmed elől. Nincs más oltalmad a világban, nincs más szabadság számodra. Az egyetlen valódi szabadság Istenben rejlik. Iparkodj hát buzgón kapcsolatba lépni Vele meditációban, reggel és este, valamint az egész nap folyamán minden munkádban és kötelességedben, amelyet végzel. A jóga arra tanít, hogy ahol Isten lakozik, ott nincs sem félelem, sem bánat. A sikeres jógi[3] képes rendíthetetlenül állni a darabokra zúzódó világok robaja közepette is; hiszen bizonyosság számára a tudat: „Uram, ahol én vagyok, oda Te is eljössz."

❖ ❖ ❖

Ne kötődj az élet múló álmaihoz. Élj Istenért, és egyedül Istenért. Ez az egyetlen módja annak, hogy szabadságra és biztonságra lelj e világban. Istenen kívül nem létezik biztonság; bárhová menj is, a káprázat rád ronthat. Légy szabad most rögtön. Légy Isten fia; eszmélj rá, hogy az Ő gyermeke vagy, és így egyszer s mindenkorra megszabadulhatsz a káprázat eme álmától.[4] Meditálj mélyen és hűségesen, s egy szép napon elragadtatott örömben ébredsz Istennel, és belátod majd, mily balgaság, hogy az emberek

---

[2] Átdolgozott részlet a Bhagavad-gítá VI:22 verséből.
[3] *Lásd* a szójegyzéket.
[4] Lásd a *májá* kifejezést a szójegyzékben.

Biztonság egy bizonytalan világban

azt hiszik, szenvednek. Hiszen te, én és ők mindnyájan színtiszta Szellem vagyunk.

❖ ❖ ❖

Ne félj e világ rémisztő álmától. Ébredj fel Isten halhatatlan fényében! Volt idő, midőn az élet olyannak tűnt számomra, mintha tehetetlenül nézném egy szörnyűséges filmet, s túl nagy jelentőséget tulajdonítottam a benne lejátszódó tragédiáknak. Azután egy nap, meditáció közben ragyogó fényesség áradt szét a szobámban, és Isten hangja így szólt hozzám: „Hát te miről álmodsz? Tekints az én örökkévaló fényességemre, amelyben a világ temérdek lidércnyomása csak felbukkan s tovatűnik. Ezek nem valóságosak." Mily roppant vigaszt jelentett ez számomra! A lidércnyomások, bármilyen rettenetesek legyenek is, nem többek rémálomnál. Ahogyan a filmek is csupán filmek, akár élvezetesek, akár felzaklatnak. Nem szabad engednünk, hogy elménk ennyire belemerüljön az élet szomorú és ijesztő drámáiba. Hát nem bölcsebben tesszük, ha figyelmünket arra a Hatalomra irányozzuk, amely elpusztíthatatlan és változhatatlan? Miért aggódnánk a világ e filmjének cselekményében beálló kellemetlen és meglepő fordulatok miatt? Csupán rövid ideig élünk e világon. Tanuld hát meg az élet drámájának leckéjét, és leld meg a szabadságod.

❖ ❖ ❖

Közvetlenül evilági életünk árnyain túl világlik Isten csodálatos Fénye. A világmindenség az Ő jelenlétének roppant temploma. Amikor meditálsz, mindenütt Hozzá nyíló ajtókra fogsz

Ahol A Fény Honol

bukkanni. Amidőn pedig eggyé válsz Vele, a világ minden hányattatása sem foszthat meg attól az Örömtől és Békességtől.

MEGERŐSÍTÉS

Add, hogy életemben és halálomban, betegségben, éhínség, járvány és szegénység közepette mindig ragaszkodjam Tehozzád. Segíts ráeszmélnem, hogy halhatatlan Szellem vagyok, akit nem érinthetnek a gyermekkor, az ifjúság, az öregedés és a világrengető események változásai.

6. FEJEZET

Bölcsesség a problémák megoldásához
és életed döntéseinek meghozatalához

A világ továbbra is hasonló hullámhegyek és -völgyek közepette halad majd előre. Hová fordulhatunk tájékoztatásért, hogy merre tartsunk? Nem azokhoz az előítéletekhez, amelyek a szokásaink, illetve a családunk, a hazánk és a nagyvilág környezeti hatásai nyomán támadtak bennünk; hanem csakis az Igazság bensőnkben felcsendülő, iránymutató hangjához.

❖ ❖ ❖

Az igazság nem elmélet, nem holmi spekulatív bölcseleti rendszer, nem intellektuális felfedezés. Az igazság a pontos megfelelés a Valóságnak. Az igazság az ember számára annak rendíthetetlen tudatában rejlik, hogy valódi természete, Énje a lélek.

❖ ❖ ❖

A mindennapi életben az igazság a spirituális bölcsesség által vezérelt tudat, amely arra késztet bennünket, hogy megcselekedjünk bizonyos dolgokat, éspedig nem azért, mert bárki utasít rájuk, hanem mert helyénvalók.

Ahol A Fény Honol

❖ ❖ ❖

Amikor közvetlen kapcsolatban vagy e világegyetem Teremtőjével, közvetlenül hozzáférsz minden bölcsességhez és felismeréshez is.

❖ ❖ ❖

Nem a kívülről beléd sulykolt ismeretek tesznek bölccsé; inkább benső fogékonyságod mértéke határozza meg, mennyit és milyen gyorsan sajátíthatsz el a valódi tudásból.

❖ ❖ ❖

Amikor egy probléma felmerül, ne tépelődj rajta, inkább végy számba minden lehetséges megoldási módot, hogy megszabadulhass tőle. Ha képtelen vagy végiggondolni őket, akkor hasonlítsd össze a saját konkrét problémádat mások hasonló bajaival, és az ő tapasztalataikból szűrd le, mely utak torkollnak kudarcba, és melyek vezetnek sikerre. Válaszd ki a logikusnak és gyakorlatiasnak tűnő lépéseket, azután serényen alkalmazd őket. A világegyetem könyvtárának egésze ott rejlik benned. Minden ismeretet meglelhetsz önmagadban, amire csak szükséged van. Ha felszínre akarod hozni őket, gondolkodj kreatívan.

❖ ❖ ❖

Talán épp erősen nyugtalankodsz a gyermeked, az egészséged vagy egy jelzálogrészlet miatt. Ha pedig nem lelsz azonnali megoldást, a helyzet elkezd aggasztani. És ugyan mit érsz el ezzel?

Bölcsesség a problémák megoldásához

Megfájdul a fejed, ideges leszel, és rendetlenkedni kezd a szíved. Mivel nem elemzed ki világosan önmagadat és a problémáidat, nem tudod, hogyan lehetsz úrrá az érzéseiden vagy a körülményen, amellyel szembesültél. Ahelyett, hogy aggodalmaskodásra pocsékolnád az idődet, inkább gondold végig pozitív hozzáállással, hogyan szüntetheted meg a probléma okát. Ha meg akarsz szabadulni egy nyomasztó gondtól, higgadtan elemezd az adott nehézséget, pontról pontra írd össze a dologgal kapcsolatos érveket és ellenérveket; azután határozd meg, mely lépések lennének a leghatékonyabbak célod eléréséhez.

❖ ❖ ❖

Mindig van kiút a bajból, s ha a hasztalan aggodalmaskodás helyett rászánod a kellő időt helyzeted világos végiggondolására, hogy kieszeld, hogyan szabadulhatnál meg szorongásod okától, akkor bizonnyal úrrá leszel felette.

❖ ❖ ❖

Minden sikeres férfi és nő sok időt szentel a mély összpontosításnak. Képesek mélyen lemerülni az elméjükbe, hogy megleljék a helyes megoldások igazgyöngyeit a problémákra, amelyekkel szembesülnek. Ha megtanulod, hogyan iktass ki minden figyelemelterelő tényezőt, és hogyan irányozd a figyelmedet az összpontosítás egyetlen tárgyára,[1] rá fogsz jönni, miként vonzhatsz magadhoz tetszésed szerint bármit, amire szükséged van.

---

[1] Hivatkozás az összpontosítás tudományos jógatechnikáira, amelyeket a *Self-Realization Fellowship Lessons* ismertet.

A józan ítélőképesség kifejlesztése

Mily élénken, mily akadálymentesen és gyönyörűségesen fogsz észlelni mindent, ha az elméd nyugodt.

❖ ❖ ❖

A nyugodt ember szemében békesség, arcán értelem, elméjében pedig a megfelelő fogékonyság tükröződik. Határozottan és haladéktalanul cselekszik, ám nem szolgája hirtelen támadt vágyainak és ösztönzéseinek.

❖ ❖ ❖

Először mindig gondold végig, mi az, amit tenni készülsz, és milyen hatást fog ez gyakorolni rád. Az ösztönös indítékok alapján cselekvő ember nem lehet szabad, hiszen helytelen tetteinek kellemetlen következményei béklyóba verik. Ha azonban azt teszed, amit józan ítélőképességed alapján üdvösnek tartasz, minden köteléktől megszabadulsz. Az effajta cselekedetek, amelyeket a bölcsesség vezérel, hozzájárulnak az isteni lét eléréséhez.

❖ ❖ ❖

Az ember nem viselkedhet pszichológiai robotként, miként az állat, amely kizárólag ösztönei alapján cselekszik. Meggondolatlanságoddal súlyosan vétkezel a Szellem ellen, amely benned lakozik; hiszen mi arra rendeltettünk, hogy tudatában legyünk tetteinknek. Mielőtt cselekednénk, mérlegelnünk kell.

Bölcsesség a problémák megoldásához

Meg kell tanulnunk úgy használni elménket, hogy fejlődjünk, és ráeszméljünk egységünkre a Teremtővel. Minden tettünknek alapos megfontolásból kell fakadnia.

❖ ❖ ❖

Egy növendék súlyos hibát követett el, azután így siránkozott:
– De hiszen én mindig a bevett, jó szokások szerint éltem. Hihetetlennek tűnik, hogy ilyen szerencsétlenség megeshetett épp velem.
– Te abban tévedtél, leányom, hogy túl erősen támaszkodtál a jó szokásokra, és elhanyagoltad a helyes ítélőképesség szüntelen gyakorlását – mondta Paramahansza Jógánanda. – Jó szokásaid segítenek az ismerős, hétköznapi élethelyzetekben, ám sokszor nem elégségesek az iránymutatáshoz, amikor egy új problémával szembesülsz. Ilyenkor az ítélőképességedet kell latba vetned. A mélyebb meditáció révén meg fogod tanulni, hogyan választhatod mindenben a helyes irányt, még akkor is, ha rendkívüli körülményekkel találod szembe magad.

Az ember nem holmi automata, következésképpen nem élhet mindig bölcsen pusztán azáltal, hogy lefektetett szabályokat és merev erkölcsi előírásokat követ. A legkülönfélébb mindennapi problémák és események tág teret nyitnak a jó ítélőképesség kifejlesztéséhez.

❖ ❖ ❖

A nyugtalanság – amely felzaklatja és csapongóvá teszi az elmét – elhomályosítja a látást, és félreértésekhez vezet. Az érzelmek

Ahol A Fény Honol

is elhomályosítják a látásod, akárcsak a hangulatváltozások. Az emberek zöme nem megértésből fakadóan, hanem a hangulatai szeszélyét követve cselekszik.

❖ ❖ ❖

A megértés benső lényed éleslátása, a lelki szemeid elé táruló kép, szíved messzelátója. A megértés a nyugodt intelligencia és a tiszta szív egyensúlya… Az érzelem eltorzult érzés, amely helytelen cselekedetekre vezet. Az a fajta megértés pedig, amelyet kizárólag az intellektus vezérel, rideg; ez szintúgy helytelen tetteket sugall… Kiegyensúlyozott megértésre kell szert tenned. Ha megértésedet egyszerre irányítja a szív és a fej, akkor tiszta szemmel tekintesz önmagadra és másokra.

❖ ❖ ❖

Elemezned kell a számos előítéletet, amely a felfogásodra hat. Valahányszor döntést hozol vagy cselekszel, tedd fel magadnak a kérdést, vajon a megértés vezérel, vagy valamely előítéletet okozó érzelem, illetve az elmédet érő egyéb befolyás. Amíg a mohóság vagy a harag jármát nyögöd; amíg mások helytelen gondolkodása befolyásol, és mások téveszméi hatnak rád, mindaddig a saját felfogásod homályos marad.

❖ ❖ ❖

Az emberi ész mindig képes meglelni a „pro és kontra érveket" a helyes és helytelen cselekedetekhez egyaránt; eszünk

Bölcsesség a problémák megoldásához

lényegéből fakadóan hűtlen. A józan ítélőképesség csupán egyetlen vezérlő csillagot fogad el ismérvként: a lelket.

❖ ❖ ❖

Képzeljetek el két embert. Jobb oldalukon az élet völgye fekszik, bal oldalukon a halál völgye terül el. Mindketten józan gondolkodásúak, egyikük mégis jobbra indul, a másik pedig balra. Vajon miért? Azért, mert az egyikük helyénvalóan használta ítélőképességét, a másik viszont visszaélt vele, amikor rákapott hibái kimagyarázására.

❖ ❖ ❖

Vizsgáld meg az indítékaidat mindenben. A mohó ember és a jógi egyaránt szokott enni. De vajon állítanád-e, hogy enni bűn, csak mert az evéshez gyakran társul a mohóság? Dehogy. A bűn a gondolkodásmódban, az indítékban rejlik. A világi ember azért eszik, hogy kielégítse mohóságát, a jógi pedig azért, hogy megőrizze teste egészségét. Ez bizony hatalmas különbség. Hasonlóképpen, az egyik embert felakasztják a gyilkosságért; a másikat viszont, aki a csatatéren mészárolta le embertársait a hazája védelmében, kitüntetik érte. A különbség megint csak az indítékban rejlik. Az erkölcsbírák ellentmondást nem tűrő szabályokat alkotnak, én azonban példákkal szemléltetem, hogyan élhetsz a viszonylagosság e világában, uralkodva az érzéseiden, ám anélkül, hogy puszta robottá válnál.

❖ ❖ ❖

Ahol A Fény Honol

Az életvezetés tudományos módja az, ha önmagadba nézel, és felteszed a kérdést, vajon éppen helyesen vagy helytelenül cselekszel – s persze teljesen őszinte vagy önmagadhoz. Ha így teszel, vajmi kevéssé valószínű, hogy valaha is tévútra térnél; ha pedig mégis megesne, képes leszel egykettőre helyesbíteni tévedésed.

❖ ❖ ❖

Minden reggel és este merülj el a csendben és a mély meditációban, hiszen a meditáció az egyetlen módszer, amellyel különbséget tehetsz igazság és tévedés között.

❖ ❖ ❖

Tanulj meg a lelkiismereted sugallatára, a benned rejlő, isteni megkülönböztető erőre hagyatkozni.

❖ ❖ ❖

Isten a suttogó hang lelkiismereted templomában, és Ő az intuíció fényessége. Tisztában vagy vele, mikor cselekszel helytelenül, hiszen egész lényed tanúsítja neked, és ez az érzés Isten hangja. Ha nem figyelsz oda Őreá, elhallgat. Amikor azonban felébredsz káprázatodból, és a helyes cselekvés útjára kívánsz lépni, Ő mutatni fogja az utat.

❖ ❖ ❖

Ha szüntelenül követed a lelkiismeret sugallatát, amely Isten

Bölcsesség a problémák megoldásához

hangja, valóban erkölcsös ember leszel – mélységesen spirituális lény, akiben békesség lakozik.

Intuíció: a lélek éleslátása

Az intuíció a lélek útmutatása, amely természetes módon jelentkezik azokban a pillanatokban, amikor az ember elméje nyugodt... A jógatudomány célja az elme elcsitítása, hogy torzítás nélkül hallhassuk a Belső Hang csalhatatlan tanácsát.

❖ ❖ ❖

„Oldd meg minden problémád meditációval – mondta Láhíri Mahásaja. – Hangolódj rá tevékeny, benső Útmutatódra; az Isteni Hangnak az élet összes szorult helyzetére van megoldása. Bár az ember kiapadhatatlannak tűnő leleménnyel sodorja magát bajba, a Végtelen Segítő sem kevésbé találékony."

❖ ❖ ❖

Amidőn Isten azt kívánja, hogy egyedüli támaszodnak tekintsd, korántsem arra gondol, hogy ne használd a saját fejed; igenis elvárja, hogy latba vesd a kezdeményezőkészségedet. A lényeg az, hogy ha először elmulasztasz tudatos összhangot kialakítani Istennel, akkor elszigeteled magad a Forrástól, és nem részesülhetsz az Ő segedelmében. Ám ha minden dologért elsőként Hozzá folyamodsz, vezérelni fog; rávilágít hibáidra, hogy megváltozhass, és új irányt szabhass életednek.

❖ ❖ ❖

Ne feledd, hogy kismillió okfejtésnél többet ér leülni, és Istenen elmélkedni, amíg el nem áraszt a belső nyugalom. Azután pedig fordulj az Úrhoz e szavakkal: „Nem vagyok képes egyedül megoldani a problémámat, hiába törtem a fejem, hogy csak úgy zsongott benne a temérdek gondolat; ám bizonnyal megoldhatom úgy, hogy a Te kezedbe teszem az ügyet, s először a Te útmutatásodat kérem, majd következetesen végiggondolom különböző szemszögekből a lehetséges megoldást keresve." Isten valóban megsegíti azokat, akik segítenek magukon. Ha elméd nyugodt, és eltölti a hit, miután meditációban imádkoztál Istenhez, több különböző megoldást is fel fogsz ismerni problémáidra; és mivel higgadtan gondolkodsz, képes leszel kiválasztani közülük a legjobbat. Folyamodj e megoldáshoz, és bizonnyal sikerrel jársz. Ekként alkalmazhatod a vallás tudományát mindennapi életedben.

❖ ❖ ❖

„Az embert életében szüntelen ostromolja a bánat, míg csak rá nem jövünk, hogyan hangolódjunk reá az Isteni Akaratra, amelynek »helyes iránya« gyakran bizony zavarba ejti önző értelmünket – mondta Srí Juktésvar. – Egyedül Isten adhat csalhatatlan tanácsot; hisz ugyan ki más viseli magán a kozmosz terhét?"

❖ ❖ ❖

Amikor megismerjük a Mennyei Atyát, nem csupán a saját problémáinkra leljük meg a válaszokat, hanem azokra is, amelyek a világot gyötrik. Miért élünk, és miért kell meghalnunk? Mi végre következnek be a jelen történései, és mi célt szolgáltak

Bölcsesség a problémák megoldásához

a múlt eseményei? Kétlem, hogy valaha is eljön e földre olyan szent, aki az összes emberi lény valamennyi kérdésére választ tud adni. Azonban a meditáció templomában a szívünket nyugtalanító összes talány megfejtésére rálelünk. Megismerjük a válaszokat az élet rejtélyeire, és megtaláljuk a megoldást minden nehézségünkre, amikor kapcsolatba kerülünk Istennel.

MEGERŐSÍTÉS

Mennyei Atyám, használni fogom a fejem, az akaratom, és nem habozom a tettek mezejére lépni; de Te vezéreld gondolataim, akaratom és ténykedésem a helyes irányba, a megfelelő teendőkhöz.

7. FEJEZET

Céljaid elérése

Semmi sem lehetetlen, hacsak annak nem véled.

❖ ❖ ❖

Halandó lényként korlátok emelkednek előtted, ám Isten gyermekeként nincsenek korlátaid... Összpontosítsd a figyelmedet Istenre, és a tiéd lesz minden erő, amire csak vágysz, hogy tetszőleges irányban kifejthesd.

A dinamikus akaraterő használata

Az akarat Isten benned rejlő képmásának eszköze. Az akaratban ott rejlik az Ő végtelen hatalma; a hatalom, amely az összes természeti erőt uralja. Mivel az Ő képére teremtettél, e hatalom a tiéd, hogy bármely vágyadat valóra váltsd.

❖ ❖ ❖

Ha eldöntöd, hogy jó dolgokat fogsz cselekedni, csak dinamikus akaraterődet kell következetesen latba vetned, és véghez tudod vinni e tetteket. Bármilyenek is legyenek a körülmények, ha kitartóan próbálkozol, Isten rendelkezésedre bocsátja a kellő eszközöket, amelyek révén akaraterőd elnyeri méltó jutalmát.

Céljaid elérése

Erre az igazságra utalt Jézus, amikor azt mondta: „Ha van hitetek és nem kételkedtek... ha azt mondjátok e hegynek: Kelj fel és zuhanj a tengerbe, az is meglészen."[1] Ha szüntelenül használod akaraterődet, bármilyen hányattatásokon is mész keresztül, siker és egészség lesz az osztályrészed, képes leszel segíteni az embereken, de mindenekelőtt megtapasztalod az eggyé válást Istennel.

❖ ❖ ❖

Ha egyszer kimondtad, hogy: „Akarom", soha ne add fel. Ha kijelented, hogy: „Sosem fogok megfázni", ám másnap reggelre mégis szörnyen megfázol, és hagyod, hogy emiatt erőt vegyen rajtad a csüggedés, magad gyengíted meg akaratodat. Nem szabad elcsüggedned, ha olyasmit látsz bekövetkezni, ami ellentétes az általad kimondott megerősítéssel. Továbbra is hinned, sőt, tudnod kell, hogy megerősítésed valóra válik. Ha fennhangon kijelented, hogy: „Akarom", magadban azonban azt gondolod, hogy: „Képtelen vagyok rá", akkor semlegesíted elméd hatalmát, és megfosztod erejétől akaratodat.

❖ ❖ ❖

Ha otthonra vágysz, és az elméd azt súgja: „Te együgyű, hiszen nem engedhetsz meg magadnak egy házat", akkor meg kell acéloznod akaratodat. Amikor a „képtelen vagyok" gondolata tovatűnik elmédből, eltölt az isteni hatalom. Az otthonod nem hullik csak úgy az öledbe; szüntelenül árasztanod kell magadból

---

[1] Mát 21:21

akaraterődet építő cselekedetek formájában. Ha kitartasz, és nem vagy hajlandó elfogadni a kudarcot, akaratod tárgya szükségképpen testet ölt. Ha szüntelenül áthatod gondolataidat és cselekedeteidet akaratoddal, akkor be kell következnie annak, amit kívánsz. Még ha a világban pillanatnyilag semmi sem felel meg kívánságodnak, lankadatlan akaraterődnek köszönhetően a vágyott végeredmény valamiképpen akkor is alakot fog ölteni.

❖ ❖ ❖

A halandó ember agyát eltölti a „képtelen vagyok rá" gondolata. Ha valaki bizonyos jellemző tulajdonságokkal és szokásokkal rendelkező családba születik, az őt érő hatások következtében azt fogja képzelni, hogy képtelen megtenni egyes dolgokat: nem bír sokat gyalogolni, képtelen megenni bizonyos ételeket, vagy nem bír elviselni bizonyos körülményeket. A „képtelen vagyok rá" gondolatait ki kell égetned magadból. Megvan benned az erő, hogy tetszés szerint bármit véghezvigyél; ez az erő az akaratodban rejlik.

❖ ❖ ❖

Ha dinamikus akaraterővel ragaszkodsz egy bizonyos gondolathoz, az végül kézzelfogható alakot ölt a külvilágban.

❖ ❖ ❖

Dinamikus akaraterővel táplálni egy gondolatot annyit jelent, hogy addig forgatod a fejedben, amíg az adott gondolatminta kellő saját energiára tesz szert. Amikor akaraterőd már

Céljaid elérése

kellőképpen dinamizálta a gondolatot, az az általad megalkotott mentális tervrajznak megfelelően képes alakot ölteni.

❖ ❖ ❖

Hogyan fejlesztheted az akaraterődet? Válassz magadnak egy olyan célt, amelyikről úgy véled, hogy képtelen vagy megvalósítani, majd minden erőddel próbáld véghezvinni azt az egyetlen dolgot. Amikor erőfeszítéseidet siker koronázza, tűzz magad elé nagyobb célt – és így gyakorlatoztasd kitartóan az akaraterődet. Ha nagy nehézséggel találod szembe magad, szívből imádkozz: „Uram, add meg nekem az erőt, hogy felülkerekedjek minden akadályon." Latba kell vetned az akaraterődet, bármi és bárki légy is. *Eltökéltnek kell lenned.* Használd akaraterődet mind a foglalkozásodban, mind meditáció közben.

❖ ❖ ❖

Ha higgadt okfejtés után eldöntöd, hogy amit tenni készülsz, az helyénvaló, akkor többé senki sem lehet képes megállítani. Ha nem volna munkám, én az egész világot kiforgatnám a sarkaiból, amíg az emberek végül így szólnának: „Adjunk hát neki munkát, hogy végre nyugton maradjon!"

❖ ❖ ❖

Ha bebeszélted magadnak, hogy gyámoltalan halandó vagy, és hagyod magad meggyőzni mindenki mástól, hogy úgysem kapsz munkát, akkor a saját elmédben ki is adtad a rendeletet, hogy lecsúsztál, és neked már harangoztak. Korántsem Isten ítélete vagy a végzet, hanem a saját magadra kimondott határozatod az oka szegénységednek és gyötrelmeidnek. A saját elmédben dől el, hogy siker vagy kudarc lesz osztályrészed. Ha akár az egész társadalom negatív véleményével szembeszállva, mindent lebíró, Isten adta akaratoddal kifejezésre juttatod abbéli meggyőződésedet, hogy nem maradhatsz sorsodra hagyva e szorult helyzetben, máris érezni fogod, amint a titkos isteni erő reád száll, s meglátod majd, hogy e meggyőződés és erő delejessége új utakat nyit meg előtted.

A kudarc konstruktív kezelése

A kudarcok évszaka a legalkalmasabb idő a siker magvainak elvetésére. A körülmények persze lesújthatnak rád, mintha furkósbottal látták volna el a bajodat, de te azért mindenkor emeld magasra a fejed. Mindig próbálkozz *még egyszer*, bármilyen sokszor elbuktál is. Küzdj akkor is tovább, ha túl elcsigázottnak érzed magad, vagy amikor úgy gondolod, hogy már megtettél minden tőled telhetőt – egészen addig, amíg erőfeszítéseidet siker nem koronázza.

❖ ❖ ❖

Tanuld meg, hogyan használhatod a győzelem lélektanát. Egyesek azt tanácsolják: „Egyáltalán szót se ejts a kudarcról." Ám ez egymagában nem segít. Először is elemezd ki kudarcodat és okait, okulj a tapasztalataidból, azután eszedbe se jusson többé.

Céljaid elérése

Aki lankadatlanul törekszik, akit lélekben nem győzhetnek le, az bármilyen sokszor bukjon is el, igazán diadalmas ember.

❖ ❖ ❖

Megtörténhet, hogy életed ege beborul, nehézségek jönnek, lehetőségek szállnak tova kihasználatlanul, te mégse mondd soha magadban: „Nekem már végem. Isten elhagyott engem." Hiszen ugyan ki tehet bármit is az ilyen emberért? A családod cserbenhagyhat; a jó szerencse látszólag elpártolhat tőled; s a társadalom és a természet összes erői felsorakozhatnak ellened; azonban a benned rejlő isteni kezdeményezőkészség tulajdonsága révén igenis képes vagy felülkerekedni a sors seregeinek bármely csapásán, amelyet saját múltbéli rosszcselekedeteiddel vontál fejedre, és diadalmasan bevonulni a Mennyországba.

❖ ❖ ❖

Ha az Isteni Tudat vezérel – tűnjön bár jövőd gyászosan feketének –, végül minden jóra fordul majd. Ha Isten mutat neked utat, nem bukhatsz el.

❖ ❖ ❖

El kell űznöd a gondolatot, hogy az Úr az Ő csodálatos hatalmával a messzi mennyországban lakozik, s te holmi gyámoltalan, kicsiny féreg vagy, amit maguk alá temetnek a nehézségek idelenn, a földön. Ne feledd, hogy a te akaratod mögött a hatalmas Isteni Akarat munkál.

❖ ❖ ❖

Megbotlani és tévútra térni pusztán pillanatnyi gyengeség. Ne hidd, hogy végleg elvesztél. Ha tanulsz a tapasztalataidból, akkor meg is támaszkodhatsz a földön, amelyre bukásodban zuhantál, és újra talpra állhatsz.

❖ ❖ ❖

Ha elismered hibádat, és rendíthetetlenül eltökéled magadban, hogy nem követed el újra, akkor még ha elbuksz is, bukásod sokkal kisebb lesz, mint ha soha nem próbálkoztál volna.

❖ ❖ ❖

Midőn beköszönt a megpróbáltatások tele, az élet levelei közül néhány lehullik. Ez természetes, és nem bír jelentőséggel. Ne akadj hát fenn rajta. Mondd magadnak: „Semmi vész, hamarosan ismét eljő a nyár, s életem újra virágba borul." Isten elegendő belső erővel ruházta fel a fát, hogy a legcudarabb telet is túlélje. Te hasonlóképp bővelkedsz áldásaiban. Az élet téli időszakai nem azért köszöntenek be, hogy elpusztítsanak, hanem hogy friss lelkesedésre gyújtsanak, és építő erőfeszítésre sarkalljanak, amely virágot bont az új lehetőségek tavaszában, amelyek mindenki életében felbukkannak. Mondd hát magadnak: „Életem tele nem lesz tartós. Megszabadulok e viszontagságok béklyóiból, s lényemből a fejlődés új levelei és virágai sarjadnak. És az éden madara ismét megtelepszik éltem fájának ágain."

❖ ❖ ❖

Céljaid elérése

Nem számít, hányszor buksz el, kitartóan próbálkozz tovább. Bármi történjék is, ha megmásíthatatlanul eltökéled magadban, hogy: „Hulljék bár darabokra az egész világ, én akkor is megteszek minden tőlem telhetőt", akkor dinamikus akaratodat veted latba, és sikerrel fogsz járni. E dinamikus akarat teszi gazdaggá az egyik embert, erőssé a másikat, és szentté a harmadikat.

Összpontosítás: a siker egyik kulcsa

Számos kudarc oka az életben az összpontosítás hiányában gyökeredzik. A figyelem olyan, mint a reflektor: amikor fénykévéje nagy területen oszlik szét, nem képes élesen befogni egyetlen konkrét tárgyat; ha azonban egyszerre csak egy dologra irányozzák, erősen megvilágítja azt. A nagy emberek hatékonyan összpontosítják figyelmüket, ők egyszerre egy dologra irányítják egész elméjüket.

❖ ❖ ❖

Az embernek ismernie kell az összpontosítás tudományos módszerét[2], amely révén kiküszöbölheti a figyelemelterelő tényezőket, és figyelmét egyszerre egy tárgyra irányozhatja. Az összpontosítás erejének köszönhetően az ember képes munkára fogni elméje elmondhatatlan hatalmát vágyainak beteljesítése érdekében, és résen lenni minden ponton, ahol a kudarc bekövetkezhet.

❖ ❖ ❖

---

2 A *Self-Realization Fellowship Lessons*-ben kerül ismertetésre.

Ahol A Fény Honol

Sokan úgy vélik, hogy vagy nyughatatlanul sürögve-forogva, vagy csigalassúsággal kell végezniük tevékenységüket. Pedig ez nem igaz. Ha intenzív összpontosítással, ám nyugalmadat megőrizve cselekszel, minden kötelességedet épp a megfelelő sebességgel fogod ellátni.

❖ ❖ ❖

A nyugodt ember tökéletesen ráhangolja érzékeit arra a környezetre, amelybe belehelyezkedik. A nyugtalan semmit sem vesz észre; következésképpen folyton gondjai támadnak önmagával és másokkal, és persze mindent félreért.... Soha ne helyezd át koncentrációd középpontját a nyugalomról a nyugtalanságra, és minden tevékenységedet csakis összpontosítással végezd.

❖ ❖ ❖

Mindig összpontosítsd egész elmédet arra a tevékenységre, amelyet éppen végzel, bármilyen apró-cseprő vagy látszólag jelentéktelen legyen is. Tanuld meg továbbá mindenkor megőrizni elméd rugalmasságát, hogy egyetlen szempillantás alatt képes légy más tárgyra irányítani a figyelmedet. De ami a legfontosabb: mindent százszázalékos összpontosítással csináld.

❖ ❖ ❖

Az emberek zöme mindent félszívvel tesz. Csupán figyelmük mintegy tíz százalékát fordítják tevékenységükre. Ezért nincs erejük a siker eléréséhez... (Cselekedj) mindenben a figyelem

Céljaid elérése

erejével, amelyet a meditáció segítségével teljesíthetsz ki maradéktalanul. Ha felhasználod Isten e fókuszáló erejét, tetszésed szerint bármire ráirányíthatod, és a siker nem maradhat el.

Kreativitás

Hangolódj rá a Szellem alkotóerejére, és kapcsolatba kerülsz a Végtelen Értelemmel, amely képes utat mutatni neked, és megoldani valamennyi problémádat. A lényed dinamikus Forrásából fakadó erő zavartalanul árad majd, s te bármely tevékenységi területen képes leszel kreatív teljesítményt nyújtani.

❖ ❖ ❖

Tedd fel magadnak e kérdést: „Megpróbáltam valaha bármi olyat tenni, amit előttem még senki?" Ez a kezdeményezőkészség alkalmazásának kiindulópontja. Ha még sosem jutottál el idáig gondolatban, akkor ama százakhoz és százakhoz hasonlítasz, akik tévesen úgy vélik, nincs erejük másként cselekedni, mint ahogy általában szoktak. Olyanok ők, miként az alvajárók, a tudatalattijukból érkező sugallatok az „egy lóerős" emberek tudatosságára kárhoztatják őket.

Ha egész eddigi életedet ebben az alvajáró állapotban töltötted, muszáj végre felébresztened magad a következő megerősítéssel: „Megvan bennem az ember legnagyszerűbb tulajdonsága: a kezdeményezőkészség. Minden emberi lényben benne rejlik a hatalom szikrája, amely révén olyasmit alkothat, amit korábban sosem hoztak létre. Ám belátom, mily könnyedén elámíthat a behatároltság halandó tudata, amely az egész világot áthatja, ha hagyom magam hipnotizálni a környezetemtől!"

❖ ❖ ❖

Mi az a kezdeményezőkészség? Egyfajta kreatív tehetség a bensődben, a Végtelen Teremtő szikrája, amely megadhatja neked az erőt, hogy olyasmit alkoss, amit még soha senki nem hozott létre korábban. A kezdeményezőkészség arra ösztökél, hogy újszerűen végezd tevékenységeidet. A kezdeményezőkészséggel megáldott ember teljesítménye oly látványos lehet, akár a hullócsillag. Látszólag a semmiből alkot meg valamit, s ekként bizonyítja, hogy a lehetetlennek tűnő dolgok is nyomban lehetségessé válnak, amint az ember munkára fogja a Szellem leleményességének erejét.

❖ ❖ ❖

Az alkotó ember nem csak vár a kedvező alkalomra, miközben a körülményeket, a sorsot és az isteneket hibáztatja. Megragadja vagy akár megteremti magának az alkalmat akaratának, erőfeszítésének és fürkésző éleslátásának varázspálcájával.

❖ ❖ ❖

Mielőtt belevágnál egy fontos vállalkozásba, ülj le szép nyugodtan, csitítsd el érzékeidet és gondolataidat, és meditálj mélyen. Ezután a Szellem hatalmas teremtőereje fog vezérelni téged.

❖ ❖ ❖

Céljaid elérése

Bármit akarsz is tenni, addig forgasd a fejedben, amíg egészen bele nem éled magad abba a bizonyos ötletbe. Gondolkodj, gondolkodj, gondolkodj, és kovácsolj terveket. Azután várj egy keveset; ne ugorj fejest semmibe elhamarkodottan. Tégy meg egy lépést, majd gondolkodj tovább. Egy belső hang meg fogja súgni, mitévő légy. Kövesd sugallatát, majd ismét add át magad gondolataidnak. Kisvártatva újabb útmutatást fogsz kapni. Ha megtanulsz mélyen magadba merülni, összekapcsolod tudatodat a lélek szupertudatosságával, és e kifogyhatatlan akaraterő, türelem és intuíció segítségével képes leszel szárba szökkenteni a siker ötletmagvait.

❖ ❖ ❖

Amint felmerül benned egy életrevaló gondolat, kezdj el foglalkozni vele. Egyeseknek gyakran támadnak jó ötleteik, ám hiányzik belőlük az állhatatosság, hogy végiggondolják és kidolgozzák őket. Szedd össze a bátorságod és a kitartásod, és tápláld magadban e gondolatot: „Igenis mindent meg fogok tenni az ötletem megvalósításáért. Meglehet ugyan, hogy nem járok sikerrel ebben az életben, de nem fogom sajnálni a fáradságot." Gondolkodj és cselekedj, gondolkodj és cselekedj. Így fejlesztheted ki elméd erejét. Minden egyes ötlet egy aprócska mag, ám egyedül rajtad múlik, hogy szárba szökken-e.

❖ ❖ ❖

Sokan megpróbálnak elérni valamit a gondolat birodalmában, ám amint nehézségeik támadnak, feladják. Mindenkor csak azok voltak képesek külső, anyagi formában is megvalósítani gondolataikat, akik világosan látták őket lelki szemeik előtt.

❖ ❖ ❖

A képzelet [vagyis az a képességed, hogy elgondolj vagy lelki szemeid előtt megjeleníts egy képet] a teremtő gondolkodás módfelett fontos tényezője. Azonban elképzelésedet meggyőződéssé kell érlelned, amihez nélkülözhetetlen az erős akarat. Ha minden akaraterődet latba vetve alkotod meg magadban az adott dolog képét, akkor elképzelésed meggyőződéssé szilárdul. Ha pedig képes vagy meggyőződésed mellett tűzön-vízen át kitartani, akkor bizonnyal valóra válik.

❖ ❖ ❖

Dolgozz ki gondolatban részletes terveket apróságokról, és addig munkálkodj a megvalósulásukon, amíg kellő gyakorlatra teszel szert, hogy a nagy álmaidat is valóra válthasd.

❖ ❖ ❖

A sikeres emberek addig forgatnak a fejükben egy gondolatot, amíg kitörölhetetlenül bevésődik az elméjükbe annak a dolognak a részletes képe, amit fel kívánnak építeni vagy elő akarnak teremteni e földön. Miután alkotóképességük finanszírozást nyújtott a tervhez, felfogadják akaraterejüket fővállalkozónak, tüzetes figyelmüket ácsnak, szellemi állhatatosságukat pedig a szükséges munkaerőnek, hogy a való életben is anyagi formát ölthessen a kívánt eredmény vagy cél.

Céljaid elérése

❖ ❖ ❖

Amikor létre kívánsz hozni valamit, ne a külső forrásokra támaszkodj; inkább merülj el mélyen önmagadban, és kutasd a Kiapadhatatlan Forrást. Az üzleti siker minden módja, valamennyi találmány, minden zenei rezgés, az összes ösztönző gondolat és írás fel van jegyezve Isten évkönyveiben.

❖ ❖ ❖

Munkálkodj előrehaladásodon Isten felé. Ez a alkotó gondolkodás legfontosabb válfaja.

A teljes körű siker megteremtése

Az a legbölcsebb, aki Istent keresi. Az a legsikeresebb, aki rátalált Istenre.

❖ ❖ ❖

A siker nem határozható meg egykönnyen; nem mérhető pusztán az általad birtokolt vagyonnal vagy anyagi javakkal. Ennél sokkal mélyebb jelentőséget hordoz. Sikered egyedüli mércéje, hogy belső békéd és szellemi önuralmad mennyire tesz képessé téged arra, hogy minden körülmények között boldog légy. Ez a valódi siker.

❖ ❖ ❖

Az igazán jó tanítók sosem tanácsolják neked, hogy bármit

is elhanyagolj; ők mindig kiegyensúlyozottságra tanítanak. Persze kétségkívül dolgoznod kell tested táplálása és felruházása végett. Ha azonban hagyod, hogy egyik kötelességed ellentmondjon a másiknak, az csupán terhet jelent rád nézve. Ezrével akadnak üzletemberek, akik olyan buzgón gyűjtögetik a vagyont, hogy egészen megfeledkeznek arról, milyen súlyos szívbetegségeket okoznak maguknak a hajszában! Márpedig ha az anyagi gyarapodás kötelessége elfeledteti veled, hogy mivel tartozol az egészségednek, akkor az nem valódi kötelesség. Az embernek mindig harmonikusan kell fejlődnie. Semmi értelme különös figyelmet fordítani egy csodálatos test kidolgozására, ha e testben csupán diónyi agy lakozik. Az elmét szintúgy fejleszteni kell. Ha pedig kiváló egészségnek örvendesz, jómódban élsz, és vág az eszed, de nem vagy boldog, akkor még mindig nem mondható el rólad, hogy sikeres az életed. Ha azonban szívedre tett kézzel kijelentheted, hogy: „Boldog vagyok, és e boldogságot senki sem veheti el tőlem", akkor az élet királya vagy – mert ráleltél Isten benned rejlő képmására.

❖ ❖ ❖

A siker egy másik ismérve, hogy nem csupán a saját életünkben halmozzuk a harmonikus és előnyös eredményeket, hanem másokkal is megosztjuk ezeket az előnyöket.

❖ ❖ ❖

Az életnek főként szolgálattal kell telnie. Eme eszmény nélkül Istentől kapott értelmed nem jut előrébb célja felé. Amikor mások szolgálatában megfeledkezel a kicsiny énről, akkor megérzed a Szellem hatalmas Énjét. Ahogyan a nap életadó sugarai mindent egyformán táplálnak, éppúgy kell neked is felderítened a remény sugaraival a szegények és elhagyatottak szívét, bátorságra gyújtanod a csüggedők szívét, és új erővel eltöltened azokét, akik bukott embernek tartják magukat. Amikor ráeszmélsz, hogy az élet a kötelesség örömteli küzdelme és ugyanakkor mulandó álom, és amikor eltölt annak derűje, hogy tulajdon jóságoddal és békességeddel boldoggá teszel másokat, akkor Isten szemében az életed sikeres.

A lelkesedés értéke

Ha a megfelelő szellemben végzed, bármiféle munkával győzedelmeskedhetsz önmagad fölött… Egyedül a hozzáállás számít, amellyel a munkádat végzed. A szellemi lustaság és a tessék-lássék munka csak tönkretesz. Az emberek gyakran kérdezik tőlem: „Hogyan képes ilyen sok mindennel foglalkozni?" Egyszerűen úgy, hogy mindent a legnagyobb gyönyörűséggel, és a szolgálat szellemében teszek. A bensőmben mindvégig Istennel vagyok. És bár igen keveset alszom, mindig frissnek érzem magam, mert kötelességeimet a megfelelő hozzáállással végzem – miszerint másokat szolgálni kiváltság.

❖ ❖ ❖

Ha az embernek nem akaródzik dolgozni, mindig fásultnak és erőtlennek érzi magát. A lelkesedés és a tenni akarás viszont nyomban feltölti energiatartalékainkat. E tényekből kiviláglik az akarat és az energia közötti kifinomult kapcsolat. Minél erősebb az ember akarata, annál kimeríthetetlenebbül árad az energiája.

❖ ❖ ❖

Ha szerény állást töltesz is be az életben, ne mentegetőzz miatta. Inkább légy büszke, hiszen eleget teszel az Atya által rád rótt kötelességnek. Neki épp ezen a konkrét helyen van szüksége rád; hiszen nem játszhatja mindenki ugyanazt a szerepet. Amíg munkálkodásoddal kedvére teszel Istennek, addig valamennyi kozmikus erő összehangolt segítséget nyújt neked.

❖ ❖ ❖

Isten szemében semmi sem nagy vagy kicsiny. Ha Ő nem alkotná meg tökéletes aprólékossággal a parányi atomot, ugyan miként függhetne az égbolton a Vega vagy az Arcturus büszke csillagóriása? A „fontos" és „lényegtelen" megkülönböztetése bizonnyal ismeretlen az Úr számára, másként egy szeg miatt összeomlana a kozmosz országa!

❖ ❖ ❖

Próbáld kitűnően végezni az apróságokat is.

❖ ❖ ❖

Fejlődnöd kell – iparkodj a legeslegjobbá válni hivatásodban. Juttasd kifejezésre lelked határtalan erejét mindenben, amibe

Céljaid elérése

belefogsz... Szüntelenül új sikereket kell kimódolnod és elérned, s nem szabad automatává válnod. Minden munka megtisztít, ha a megfelelő indíttatásból végzed.

❖ ❖ ❖

Az összpontosítás figyelmünk fókuszálását, egyetlen pontra irányítását jelenti... Használd ezt a koncentrált figyelmet arra, hogy gyorsan elvégezz olyasvalamit, ami rendesen hosszú időt venne igénybe.

❖ ❖ ❖

Ha konok kitartással haladsz előre, ha Isten határtalan erejével – amelyet a Vele való mindennapos eggyé válásból merítesz mély meditációban – gyakorlod az alkotó eredetiséget és fejleszted tehetségedet; ha tisztességes üzleti módszereket alkalmazol, hűséges vagy munkaadódhoz, és úgy tekintesz cégére, mintha a sajátod volna; s ha intuitív módon ráhangolódsz közvetlen felettesedre vagy a cég tulajdonosára és persze Kozmikus Munkaadódra – Istenre –, akkor csalhatatlanul kedvében jársz mind hivatalbeli főnöködnek, mind Isteni Munkaadódnak.

❖ ❖ ❖

Mi sem könnyebb, mint henyén vagy reménytelenséggel telten felhagyni a pénzügyi sikerre irányuló törekvéssel az életben. Szintúgy könnyű tisztességtelenül pénzt keresni, amikor az alkalom tálcán kínálja magát. Ám helytelen dolog ekként menteni

Ahol A Fény Honol

fel magunkat az alól, hogy erőfeszítést tegyünk a tisztességes kenyérkeresetre...

Kivételes ember az, aki bőven, önzetlenül, tisztességesen és gyorsan keresi a pénzt, egyedül Istennek és az Ő művének szolgálatában, és mások boldogítására. Az ilyen foglalatosság számos kitűnő jellemvonást fejleszt ki, amelyek előbbre viszik az embert a spirituális és az anyagi ösvényen egyaránt. A tisztességes és szorgalmas pénzkereset Isten művének szolgálatában a második legnemesebb művészet az Istenre eszmélés művészete után. Az ember teljes körű fejlődéséhez nélkülözhetetlen tulajdonságok, amilyen a felelősségtudat, a szervezőkészség, a rendszeretet, a vezetői készség és a céltudatos gyakorlatiasság remekül kifejlődnek az üzleti siker megteremtése közben.

Bőség és gyarapodás

Akik egyedül a saját gyarapodásukat hajszolják, azok végül szükségképpen elszegényednek, vagy kibillennek szellemi harmóniájukból; akik azonban az egész világot az otthonuknak tekintik, és szívükön viselik a közösségük vagy a világ gyarapodását, s ezért munkálkodnak... elérik az egyéni jólétet is, amely jogos osztályrészük. Ez egy csalhatatlan és titkos törvény.

❖ ❖ ❖

Az önzetlenség a gyarapodás törvényének vezérelve.

❖ ❖ ❖

Nekem semmim sincsen, mégis jól tudom, hogy ha éhezném,

Céljaid elérése

a világon ezrek és ezrek csillapítanák éhem, hiszen magam is ezreknek adtam. Ugyanez a törvény lép működésbe mindenki érdekében, aki nem önmagát félti a koplalástól, inkább a másik emberre gondol, aki szűkölködik.

❖ ❖ ❖

Minden áldott nap tégy valami jót mások megsegítésére, még ha csak valami csekélységet is. Ha szeretni akarod Istent, szeretned kell az embereket, hiszen ők Isten gyermekei. Nyújthatsz anyagi segedelmet azzal, hogy adakozol a rászorulóknak; és szellemi segedelmet azzal, hogy vigasztalod a bánatos embert, bátorítod a rettegőt, isteni barátságodban és erkölcsi támogatásodban részelteted a gyengét. Szintén a jóság magvait veted el, amikor érdeklődést keltesz másokban Isten iránt, és munkálkodásoddal kigyújtod Őiránta érzett szeretetüket, elmélyíted Belé vetett hitüket. Amikor elhagyod e világot, az anyagi gazdagságot nem viheted magaddal; ám jócselekedeteid el fognak kísérni. A zsugori gazdagok és az önző emberek, akik sosem segítenek másokon, a következő életükben nem vonzanak magukhoz gazdagságot; ám az adakozók, akik mindenüket megosztják másokkal, akár sok, akár kevés jutott nekik, bizony gyarapodni fognak. Ez Isten törvénye.

❖ ❖ ❖

Gondolj úgy az Isteni Bőségre, mint üdítőn záporozó esőre; bármilyen edényben felfogható, amely a kezed ügyébe kerül. Ha egy bádogbögrét tartasz fel, csak annyit kapsz az esőből, amennyi belefér. Ha egy tálat emelsz a magasba, az fog megtelni. Te miben fogod fel az Isteni Bőséget? Talán a te edényed tökéletlen; márpedig ha ez így van, akkor meg kell javítanod oly módon, hogy kiöntesz belőle minden félelmet, gyűlöletet, kételyt és irigységet, majd kipucolod a békesség, a nyugalom, az áhítat és a szeretet tisztító vizével. A bőség a szolgálat és nagylelkűség törvényét követi. Adj és utána kapni fogsz. Ha a tőled telhető legjobbat nyújtod a világnak, a legjobbat fogod visszakapni tőle.

❖ ❖ ❖

A hálaadás és a magasztalás utat nyit tudatodban a spirituális fejlődés és gondviselés előtt. A Szellem nyomban látható megnyilvánulási formát ölt, mihelyt csatorna nyílik számára, amelyen kiáradhat.

❖ ❖ ❖

„Akik Legbensőbb Sajátjukként elmélkednek Énrajtam, szakadatlan imádságban örökre egyesülve Velem, azoknak kipótolom fogyatkozásait, és megtartom gyarapodását."[3] Akik hívek maradnak Teremtőjükhöz, s egyformán érzékelik Őt különböző életszakaszaikban, azok rájönnek, hogy Ő még életük legapróbb részleteire is mindenkor gondot visel, és isteni előrelátással egyengeti útjukat…

A Bhagavad-gítá e verse Krisztus szavaira emlékeztet

---

[3] Bhagavad-gítá IX:22

Céljaid elérése

bennünket: „Hanem keressétek először Istennek országát, és az ő igazságát; és ezek mind megadatnak néktek."[4]

A SIKER MEGERŐSÍTÉSEI

A Mindenható Jóságba vetett, rendíthetetlen hittel indulok útnak, hogy megadja nékem a szükség óráján, aminek híján vagyok.

❖ ❖ ❖

Rejtett erő lakozik bennem, amellyel minden akadályt és kísértést leküzdhetek. Latba fogom vetni e megzabolázhatatlan erőt és energiát.

❖ ❖ ❖

Hálát adok Istennek, amiért újra meg újra próbálkozhatom, mígnem az Ő segítségével végül elérem a sikert. Amidőn pedig sikeresen beteljesítem szívem méltó vágyát, köszönetet mondok majd Neki.

AZ ISTENI BŐSÉG MEGERŐSÍTÉSEI

Ó, Atyám, bőségre, egészségre és bölcsességre vágyom mérték nélkül, nem földi forrásokból, hanem a Te mindent bíró, mindenható, végtelenül adakozó kezedből.

---

[4] Mát 6:33

Ahol A Fény Honol

Nem fogok koldusként rimánkodni a korlátozott, halandó jómódért, egészségért és tudásért. Én a Te gyermeked vagyok, és ekként korlátok nélkül igénylem az isteni fiú jussát a Te véghetetlen gazdagságodból.

❖ ❖ ❖

Isteni Atya, íme az én imádságom: Nem törődöm azzal, hogy maradandó vagyont szerezzek, de add meg nékem az erőt, hogy tetszésem szerint meglegyen mindenem, amire nap nap után szükségem van.

8. FEJEZET

Belső béke: a stressz, az aggodalom és a félelem ellenszere

A nyugalom az eszményi állapot, amelyben az élet valamennyi élményét fogadnunk kell. Az idegesség a nyugalom ellentéte, amelyet elterjedtsége napjainkban jószerivel az egész világon népbetegséggé tesz.

❖ ❖ ❖

Akiknek a gondolatai híján vannak a harmóniának, azoknak az életét is zűrzavar uralja. Ez túlnyomórészt egy belső érzet, nem a külső körülmények következménye. Tedd harmonikussá lényedet, és ez a környezetedben lévőkön is eluralkodik… Bárhová menj, a legzűrzavarosabb körülmények közepette is képes leszel fellelni és ápolni lényed alapvető harmóniáját.

❖ ❖ ❖

Amikor aggodalmaskodsz, elméd rádióadóján statikus zörej szűrődik át. Isten dala a nyugalom dala. Az idegeskedés a statikus zörej; a nyugalom Isten hangja, amely lelked rádióján keresztül szól hozzád.

Ahol A Fény Honol

❖ ❖ ❖

A nyugalom Isten halhatatlanságának eleven lehelete benned.

❖ ❖ ❖

Minden tettedet békében kell megcselekedned. Ez a legjobb orvosság testednek, elmédnek és lelkednek. Ez a legcsodálatosabb életforma.

❖ ❖ ❖

A békesség Isten oltára, az az állapot, amelyben a boldogság lakozik.

❖ ❖ ❖

Ha szüntelen szem előtt tartod elhatározásod, hogy sosem zökkensz ki békességedből, akkor eljuthatsz az istenességig. Őrizd meg a csend titkos kamráját bensődben, s ennek nyugalmát ne engedd megbolygatni holmi hangulatok, megpróbáltatások, küzdelmek vagy viszálykodások által. Tarts kívül rajta minden gyűlöletet, bosszúszomjat és vágyat. A békesség e kamrájában Isten majd meglátogat téged.

❖ ❖ ❖

A békességet nem veheted meg pénzen; tudnod kell, hogyan állítsd elő a bensődben napi meditációs gyakorlataid nyugalmában.

Belső béke: a stressz, az aggodalom és a félelem ellenszere

❖ ❖ ❖

Életünket egy háromszögletű vezérmotívum alapján kell megterveznünk: e háromszög két szárát a nyugalom és a szelídség; az alapját pedig a boldogság alkotja. Az embernek minden áldott nap emlékeztetnie kell magát: „A békesség hercege vagyok, és a kiegyensúlyozottság trónjáról kormányzom tevékenységbirodalmamat." Cselekedjünk bár gyorsan vagy lassan, magányosan vagy sürgő-forgó sokadalomban, középpontunknak békésnek és kiegyensúlyozottnak kell lennie.

Idegesség

Aki természetes módon nyugodt, az semmilyen körülmények között nem veszti el józan eszét, igazságérzetét és humorérzékét. Az nem mérgezi testének szöveteit haraggal vagy félelemmel, amelyek károsak a keringésre. Alaposan igazolt tény, hogy egy haragos édesanya teje ártalmas lehet a gyermeke számára. Kívánhatunk-e szembeszökőbb bizonyítékot arra nézve, hogy az erőszakos érzelmek végül gyalázatos ronccsá silányítják a testet?

❖ ❖ ❖

A félelem, harag, búskomorság, lelkifurdalás, bánat, irigység, gyűlölet, elégedetlenség és aggodalmaskodás gondolataiban való szüntelen elmerülés; valamint a normális és boldog élet alapvető kellékeinek – például a tápláló ételnek, a megfelelő testedzésnek, a friss levegőnek, a napfénynek, a kielégítő munkának és valamely életcélnak – a hiánya egyaránt okai az idegrendszeri betegségnek.

Ahol A Fény Honol

❖ ❖ ❖

Ha egy 120 voltos villanykörtét egy 2000 voltos áramforrásra kötünk, a körte kiég. Hasonlóképpen az emberi idegrendszert sem arra tervezték, hogy ellenálljon a heves érzelmek vagy a makacs, negatív gondolatok és érzések pusztító erejének.

❖ ❖ ❖

Az idegesség azonban kikúrálható. A benne szenvedőnek hajlandónak kell lennie állapota kielemzésére, és ama bomlasztó érzelmek és negatív gondolatok eltávolítására, amelyek apránként tönkreteszik őt. Ha valaki tárgyilagosan kielemzi problémáit,[1] és minden élethelyzetben megőrzi nyugalmát, akkor a legmakacsabb ideges panaszokból is ki fog gyógyulni... Az idegesség áldozatának tisztába kell jönnie panaszával, és el kell töprengenie gondolkodási folyamatának állandósult hibáin, amelyek az élethez való hibás alkalmazkodásáért felelősek.

❖ ❖ ❖

Próbálj nyugodtabban élni ahelyett, hogy folyton lóhalálában igyekszel eljutni valahová az érzelmi felindultság állapotában, majd megérkezvén nyugtalanságod miatt képtelen vagy élvezni ottlétedet... Amint az elméd nyughatatlankodni kezd, adj neki egy fricskát az akaratoddal, és utasítsd rendre.

---

1 Lásd a 6. fejezetet.

Belső béke: a stressz, az aggodalom és a félelem ellenszere

❖ ❖ ❖

Az izgatottság kizökkenti az idegrendszert egyensúlyából, mivel bizonyos részeibe túl sok energiát összpontosít, máshonnan viszont elvonja a normális működéshez szükséges mennyiséget. Az idegi erő eme egyenetlen eloszlása az idegesség egyedüli oka.

❖ ❖ ❖

Az ellazult és nyugodt test a mentális békesség vendégvárója.

❖ ❖ ❖

[Technika[2] a test ellazítására:]
Akaratlagos megfeszítés: Akaratod parancsával irányítsd úgy életenergiádat (a megfeszítés folyamata révén), hogy elárassza testedet vagy valamely testrészedet. Érezd magadban az energia rezgését, amint újult erővel és életenergiával tölt el. *Ellazítás és érzés:* Engedd el a megfeszítést, és érezd, amint a megújult elevenség és életerő enyhet adó bizsergéssel járja át a feltöltött területet. Érezd, hogy nem vagy azonos a testeddel; te az az élet vagy, amely a testet fenntartja. Érezd a békességet, a szabadságot s a fokozott

---

2 Egyszerűsített hivatkozás egy különleges technikára, amelyet 1916-ban fejlesztett ki Paramahansza Jógánanda azzal a céllal, hogy feltöltse a testet életerővel, és elősegítse a tökéletes ellazulást; a technika a *Self-realization Fellowship Lessons*-ben olvasható. A megfeszítés-ellazítás általános elve az elmúlt években széles körben elfogadást nyert, s az orvostudomány is alkalmazza számos betegség kezelésére, többek között az ideges panaszok enyhítésére, és a magas vérnyomás csökkentésére.

tudatosságot, amely az e technika gyakorlásával előidézett nyugalom velejárója.

❖ ❖ ❖

Amikor tested minden mozdulatából sugárzik a békesség, amikor megbékélt a gondolkodásod, az akaratod és a szereteted is, amikor béke és Isten hatják át törekvéseidet – jusson eszedbe, hogy összekötötted az életedet Istennel.

Aggodalom és félelem

Noha az élet szeszélyesnek, bizonytalannak és a legkülönbözőbb bajokkal terhesnek tűnik, mégis mindenkor Isten iránymutató és szerető oltalma alatt állunk.

❖ ❖ ❖

Ne csapj nagy hűhót semmi miatt. Valahányszor elfog az aggodalom, jusson eszedbe, hogy csak tovább mélyíted magadban a kozmikus káprázatot.[3]

❖ ❖ ❖

A kudarctól vagy a betegségtől való félelem úgy alakul ki az

---

3 Minden szenvedés és behatároltság oka az, hogy az ember hajlamos megfeledkezni valódi, mindenható lélektermészetéről és lelkének Istenhez fűződő, szent kapcsolatáról. A jóga úgy tanítja, hogy e feledés, avagy tudatlanság előidézője a *májá,* a kozmikus káprázat.

Belső béke: a stressz, az aggodalom és a félelem ellenszere

emberben, hogy addig forgatja az ilyesfajta gondolatokat a tudatos elméjében, amíg végül meggyökereznek a tudatalattiban, és végül a felettes elmében is.[4] Ezután a szupertudatos elmében és a tudat alatt gyökerező félelem sarjadni kezd, és tudatos elménkben egyre-másra ütik fel fejüket a félelem dudvái, amelyeket már nem olyan könnyű kiirtani, amilyen az eredeti gondolatot lett volna – s e félelempalánták végül megtermik mérges, halált hozó gyümölcseiket…

Tépd ki őket gyökerestül belülről oly módon, hogy erőteljesen a bátorságra összpontosítasz, és tudatodat Isten lényedben lakozó, háborítatlan békéjére irányítod.

❖ ❖ ❖

Bármi legyen is félelmed tárgya, vonatkoztass el tőle gondolatban, és bízd a dolgot Istenre. Vesd Őbelé hitedet. Sok szenvedés okozója egyszerűen az aggodalom. Miért szenvednél most, amikor a betegség még meg sem támadott? S mivel legtöbb bajunk a félelemmel tör ránk, ha szertefoszlatod félelmedet, egyszerre megszabadulsz a bajoktól is. A gyógyulás azon nyomban bekövetkezik. Minden este, mielőtt nyugovóra térnél, erősítsd meg magadban: „A Mennyei Atya velem van, és megvédelmez engem." Gondolatban vedd körül magad a Szellem jelenlétével… És érezni fogod az Ő csodálatos oltalmát.

❖ ❖ ❖

---

[4] A magasabb rendű elme, amelyből a tudatalatti és a tudatos elme erejét meríti.

Ahol A Fény Honol

Ha tudatodat szüntelen Istenre irányzod, nem fognak félelmek gyötörni; ekkor bátorsággal és hittel minden akadályt legyőzhetsz.

❖ ❖ ❖

A félelem a szívből fakad. Ha valaha úgy érzed, hogy erőt vesz rajtad a rettegés valamely betegségtől vagy balesettől, csak annyit kell tenned, hogy mélyen, lassan és ritmikusan többször is beszívod és kiengeded a levegőt, s minden kilégzéskor ellazulsz. Ez a gyakorlat segít, hogy a keringésed normalizálódjon. Márpedig ha a szíved igazán nyugodt, akkor egyáltalán nem érezhetsz félelmet.

❖ ❖ ❖

Elménk ellazítása azt a képességünket jelenti, hogy akaratlagosan elvonatkoztassunk a múlt és a jelen nehézségei miatt érzett, gyötrő aggodalmunktól; kötelességeink szüntelen tudatától; a balesetektől való rettegésünktől és egyéb kísértő félelmektől; s persze a kapzsiságtól, a szenvedélytől és egyéb zavaró vagy negatív gondolatoktól és kötődésektől. Elménk ellazításának lelkiismeretes gyakorlással válhatunk mestereivé. Akkor sajátítjuk el e képességet, ha akaratlagosan meg tudunk szabadulni minden nyugtalanító gondolattól, és figyelmünket maradéktalanul benső békénkre és elégedettségünkre tudjuk irányozni.

❖ ❖ ❖

Felejtsd el a múltat, hiszen az már tovatűnt élted birodalmából! Ne gondolj a jövővel, hiszen az kívül esik a befolyásodon!

Belső béke: a stressz, az aggodalom és a félelem ellenszere

Urald inkább a jelent! Élj a lehető leginkább a mában! Ekként tisztára mosod majd a sötét múltat, és szükségképpen ragyogóvá teszed a jövőt. Ez a bölcsek útja.

❖ ❖ ❖

Amikor egyszerre túl sok tennivalót kell elvégeznünk, egészen elcsüggedünk. Ilyenkor ahelyett, hogy a teendők miatt aggódnál, egyszerűen jelentsd ki magadban: „Ez az óra az enyém. A tőlem telhető legjobban ki fogom használni." Az ingaóra nem üthet el huszonnégy órát egyetlen perc alatt, és éppígy te sem végezhetsz el egyetlen óra leforgása alatt huszonnégy órányi tennivalót. Éld meg a jelen minden egyes másodpercét a maga teljességében, a jövő gondja pedig legyen a holnapé. Élvezd ki minden pillanat csodálatos szépségét maradéktalanul. Tudatosítsd magadban rendszeresen a békesség jelenlétét. Minél gyakrabban megteszed, annál erőteljesebben fogod érezni ennek az erőnek a jótékony hatását az életedben.

❖ ❖ ❖

A modern ember abban leli gyönyörűségét, hogy mind többet és többet harácsol magának, s ügyet sem vet rá, hogy másokkal mi történik. Pedig hát nem jobb egyszerűen élni – a temérdek fényűzési cikk nélkül és kevesebb aggodalommal? Abban nincs semmi gyönyörűség, ha egyre csak hajszolod magad, amíg már képtelenné válsz élvezni a megszerzett javaidat... El fog jönni az idő, amikor az emberiség kezdi majd tudatosítani magában, hogy semmi szüksége az anyagi javak e sokaságára, s az egyszerű életben nagyobb biztonságra és békességre lel.

❖ ❖ ❖

A munkamániás, aki a hét minden napját végiggürcöli, gépies tevékenységgel sorvasztja lelkét. Elveszti a képességét, hogy tevékenységét szabad akaratával, ítélőképességével és lelki békéjével kormányozza. Testi-lelki ronccsá válik, s megfosztja magát a spirituális boldogságtól. A tevékenységet és a nyugalmat egyaránt gyakorolnunk kell, ellensúlyoznunk kell egyiket a másikkal, hogy a foglalatosság és a csend időszakaiban egyaránt megleljük békességünket és boldogságukat.

❖ ❖ ❖

A sabbát[5] megtartása Istennek és lelki megnyugvásunknak szentelt napként mindennemű olyan tevékenységünk felfüggesztését jelenti, amely csapongásra készteti és az anyagi világhoz köti elménket... Ezt a napot töltsd Istenre emlékeztető, spirituálisan megfiatalító tevékenységekkel. Manapság, amikor ilyen sok minden csábítja az elmét sabbátnap is, az emberek gondolatai zabolátlanul száguldoznak. Mikor jön el az ideje az enyhet adó nyugalomnak, az önvizsgálatnak és az alkotó gondolkodásnak,

---

5 Az eredetileg héber szó jelentése „a tevékenység szüneteltetése, pihenés". A spirituális feltöltődés sabbátnapjának nem muszáj a hét egy konkrét napjára esnie; jótékony hatással megtarthatjuk bármely napon, amely alkalmas számunkra, vagy amelyet közösségünk hagyományai meghatároznak.

Belső béke: a stressz, az aggodalom és a félelem ellenszere

hogy az elkövetkező héten a legcélravezetőbb lépéseket tegyük meg létünk kiteljesítéséért? A csendben, meditációban, teremtő gondolkodással (persze nem lázas fejtöréssel, hanem a gondolatok elcsitításával, amelyek helyét átveszi az intuitív megérzés) jól eltöltött sabbát módot ad lelkünknek, hogy harmóniával és békességgel teljen el, s erőt ad testünknek és elménknek, hogy ítélőképességünk latba vetésével a lehető legtöbbet fejlődjünk fizikailag, mentálisan és spirituálisan egyaránt.

❖ ❖ ❖

Ha egyre-másra állítod ki a csekkeket anélkül, hogy bármit is betennél a bankszámládra, előbb-utóbb kifogysz a pénzből. Ugyanez a helyzet az életeddel is. Ha nem töltöd fel életvezetési számládat a békesség rendszeres betéteivel, akkor kifogysz az erőből, nyugalomból és boldogságból. Végül egyszerűen csődbe mész – érzelmileg, szellemileg, testileg és spirituálisan. Az Istennel való mindennapos eggyé válás azonban újra meg újra feltölti belső tőketartalékaidat.

❖ ❖ ❖

Bármilyen elfoglaltak vagyunk is, nem szabad megfeledkeznünk arról, hogy hébe-hóba maradéktalanul megszabadítsuk elménket az aggodalmaktól és a ránk nehezedő kötelességek sokaságától... Igyekezz alkalmanként egy percre elvonatkoztatni a negatív gondolatoktól; elmédet rezzenetlenül irányozd a bensődben lakozó békességre – kivált, amikor aggodalmak gyötörnek. Azután próbáld több percen át megőrizni elméd háborítatlan nyugalmát. Ezt követően gondolj életed valamely boldog eseményére; jelenítsd meg lelki szemeid előtt, és időzz el a képnél; gondolatban újra meg újra menj végig valamilyen kellemes élményen mindaddig, amíg teljesen meg nem feledkezel aggodalmaidról.

❖ ❖ ❖

Amikor elméjét kibírhatatlan gyötrelmek vagy aggodalmak ostromolják, az embernek meg kell próbálnia aludni egyet. Ha képes rá, felébredvén azt fogja tapasztalni, hogy a szellemi feszültség enyhült, s hogy az aggodalom nem szorongatja oly elviselhetetlenül.[6] Ilyen alkalmakkor emlékeztetnünk kell magunkat, hogy még ha mi meghalnánk is, a Föld attól tovább keringene pályáján, s az üzleti élet is a szokásos mederben folyna tovább; akkor meg mi végre az aggodalom?

❖ ❖ ❖

Az élet szórakoztató, ha nem vesszük túl komolyan. Egy jóízű nevetés remek orvosság minden bajra. Az amerikaiak egyik legszerencsésebb jellemvonása az, hogy tudnak nevetni. Pompás dolog, ha az ember képes kacagni az életen. Erre a mesterem [Szvámi Srí Juktésvar] tanított meg engem. Amikor megkezdődött a képzésem a rendházában, ünnepélyes arccal jártam-keltem,

---

6 Amint a 19. oldalon kifejtettük, a lélek az alvás tudat alatti állapotában átmenetileg felülemelkedik mindama bajokon, amelyek a testhez és a testi tapasztalatokhoz kötődésünk velejárói. Még hatékonyabb módszer belépni az Istennel való eggyé válás szupertudatos állapotába mély meditáció révén.

Belső béke: a stressz, az aggodalom és a félelem ellenszere

soha semmi sem csalt mosolyt az arcomra. Egy szép napon aztán a Mester találón rám pirított: „Mi van veled? Felcsaptál gyászhuszárnak? Hát nem tudod, hogy Isten keresése épphogy minden bánatunk temetése? Akkor miért vagy ilyen búvalbélelt? Ne vedd ennyire komolyan az életet."

❖ ❖ ❖

Tudván, hogy Isten gyermeke vagy, tökéld el magadban, hogy bármi történjék is, megőrzöd a nyugalmadat. Ha elméd teljesen azonosul tevékenységeiddel, nem lehetsz tudatában az Úrnak, ha azonban bensődben nyugodt és fogékony vagy Őreá, miközben a külvilágban foglalatoskodsz, akkor helyesen végzed tevékenységedet.

❖ ❖ ❖

Meditáció révén az ember a stabil, csendes benső békesség állapotába kerülhet, amely tartós nyugalmat biztosít számára az élet harmonikus tevékenységei és emberpróbáló kötelezettségei közepette egyaránt. A maradandó boldogság titka, hogy akkor is megőrizzük ezt az egyenletesen nyugodt lelkiállapotot, amikor aggodalmaink megpróbálják felborítani benső egyensúlyunkat, vagy éppen a siker ragadná elménket a természetellenes felajzottság állapotába.

Az óceán partján heverő homokgöröngy képtelen ellenállni a hullámok szüntelen ostromának; éppígy a rendíthetetlen benső békességnek híján lévő egyén sem őrizheti meg nyugalmát az élet mentálisan felzaklató eseményei közepette. Ám ahogyan a

Ahol A Fény Honol

gyémánt a legvadabb hullámverésben is érintetlen marad, éppígy őrzi meg a lelki békességben kikristályosodott egyén sugárzó derűjét a minden oldalról rátörő megpróbáltatások idején is. Hadd mentsük hát ki az élet háborgó vizeiből a meditáció segítségével a változhatatlan lélek-tudat gyémántját, amely a Szellem örökké tartó örömétől sziporkázik.[7]

❖ ❖ ❖

A felismerés, hogy a gondolkodás, a beszéd, az érzés és a cselekvés képessége egyaránt Istentől származik, s hogy Ő mindenkor velünk van, ösztönöz és vezérel bennünket, egyszeriben megszabadít minket az idegességtől. E felismerést az isteni öröm felvillanásai kísérik; olykor mélységes megvilágosodás hatja át az ember lényét, a félelem puszta fogalmát is száműzve. Isten hatalma átsöpör rajtunk, miként az óceán, tisztító áradattal ömlik keresztül szívünkön, magával sodorva a csalóka kétség, idegesség és félelem minden lerakódott hordalékát. Az anyag káprázatát – a tudatot, hogy halandó testünkkel vagyunk azonosak

---

[7] „Az érzések teljes elnyugvásának jógameditáció által elérhető állapota *(csitta),* amelyben az én (ego) az Énként (lélek) észleli magát, és elégedett (rögzült) az Énben;

Az állapot, amelyben a feleszmélt, intuitív értelem megismeri az érzékeken felülemelkedő, mérhetetlen üdvös boldogságot, és amelyben a jógi megmarad trónján, hogy onnan többé soha el ne mozduljon;

Az állapot, amelyet a jógi – ha egyszer rátalált – minden más kincsnél többre értékel; s megtelepedvén benne, immár a szívszakasztó bánatra is érzéketlen;

Ezt az állapotot jógaként – a fájdalommentesség állapotaként – ismerik. A jógát ennélfogva eltökélten és erős szívvel kell gyakorolni." (Bhagavad-gítá VI:20–23)

Belső béke: a stressz, az aggodalom és a félelem ellenszere

– szertefoszlatja a Szellem szelíd derűjének egyetlen érintése, amelyben napi meditációnk révén részesülhetünk. Ekkor ráébredsz, hogy a tested pusztán kicsinyke energiabuborék az Ő kozmikus óceánjában.

A BÉKESSÉG ÉS NYUGALOM MEGERŐSÍTÉSEI

A békesség hercege vagyok, és a kiegyensúlyozottság trónjáról kormányzom tevékenységbirodalmamat.

❖ ❖ ❖

Abban a pillanatban, amikor elmém nyugtalanná és zavarttá válik, visszavonulok a csendbe és a meditációba, amíg zavartalan nyugalmam helyre nem áll.

❖ ❖ ❖

Nem fogok sem lustálkodni, sem lázasan tevékenykedni. Az élet minden kihívásában képességeim legjavát fogom nyújtani anélkül, hogy a jövő miatt aggodalmaskodnék.

9. FEJEZET

Kihozni magadból a legjobbat

Azok vagyunk, aminek *gondoljuk* magunkat. Gondolataink megszokott irányultsága határozza meg tehetségünket és képességeinket, sőt, személyiségünket is. Ekként az emberek azt *gondolják* magukról, hogy írók vagy művészek, szorgalmasak vagy lusták, és így tovább. Mi a helyzet akkor, ha más kívánsz lenni, mint aminek jelenleg gondolod magad? Érvelhetsz azzal, hogy másokkal eleve együtt született az a különleges tehetség, amelyik belőled hiányzik, s amelyikre oly hevesen vágysz. Ez igaz. Ám nekik is ki kellett alakítaniuk magukban valamikor e képességet mint szokást – ha nem ebben az életükben, akkor egy korábbiban.[1] Tehát bármi kívánsz is lenni, kezdd el kifejleszteni a megfelelő viselkedésmintát még ma. Bármilyen irányultságot késlekedés nélkül belenevelhetsz a tudatodba, feltéve, hogy elég erőteljes gondolatot oltasz az elmédbe; ekkor tetteidben és egész lényedben ennek a gondolatnak fogsz engedelmeskedni.

❖ ❖ ❖

Az embernek soha nem szabad feladnia a reményt, hogy jobbá válik. Csak akkor öregszünk meg, amikor többé nem vagyunk

---

[1] Lásd a *reinkarnáció* kifejezést a szójegyzékben.

Kihozni magadból a legjobbat

hajlandóak erőfeszítést tenni a változásért. Ez a pangó állapot az egyetlen, amelyet jómagam „öregkorként" elismerek. Amikor valaki folyvást azt hajtogatja, hogy: „Én képtelen vagyok megváltozni, egyszerűen ilyen vagyok", akkor azt kell mondanom: „Rendben van, maradj csak ilyen, hiszen úgyis eltökélted magadban, hogy ilyen leszel."

❖ ❖ ❖

Bármilyen legyen is jelenlegi állapota, az ember önuralom és önfegyelem révén, illetve a megfelelő étrend és egészségügyi szabályok betartásával igenis képes a javára változni. Miért gondolod, hogy képtelen vagy a változásra? A szellemi lustaság minden gyengeség titkos oka.

❖ ❖ ❖

Mindenkinek vannak önkorlátozó egyéni jellemvonásai. Ezeket nem Isten plántálta a természetedbe, hanem te magad alakítottad ki. E különcségeket kell levetkőznöd – éspedig úgy, hogy emlékezteted magad, ezek a sajátosan rád jellemző szokások nem egyebek tulajdon gondolataid megnyilvánulásainál.

❖ ❖ ❖

Végső soron mindent a színtiszta tudat alkot; a dolgok körülhatárolt, külső megjelenése a tudat viszonylagosságának következménye.[2] Következésképpen, ha bármit meg kívánsz változtatni önmagadban, a gondolkodási folyamatot kell megváltoztatnod, amelynek hatására a tudat az anyag és cselekvés különbözői formáiban megnyilvánul. Ez a módja, az egyetlen módja életed újjáalakításának.

❖ ❖ ❖

Nézz önmagadba, és mérd fel főbb tulajdonságaidat... Ne próbáld megváltoztatni magadban azt, ami jó. Ám iparkodj megszabadulni mindazoktól a dolgoktól, amelyeket akaratod ellenére követsz el, s amelyek utóbb boldogtalanná tesznek. Hogy miként? Erősítsd meg magadban meggyőződéssel, mielőtt este nyugovóra térsz, és miután reggel felébredsz: „Képes vagyok megváltozni. Meg akarok változni. Meg *fogok* változni!" Egész nap ehhez a gondolathoz tartsd magad, és még az álom tudat alatti tájaira s a meditáció szupertudatos birodalmába is ezt vidd magaddal útravalóul.

❖ ❖ ❖

---

[2] A jóga tanítása szerint Isten gondolata a teremtés alapszerkezete. Ahogyan a gőz először vízzé sűríthető, majd további kondenzáció hatására jéggé válik, éppúgy az energia és az anyag valamennyi mintázata és formája a tudat összesűrűsödése. A huszadik század úttörő fizikusai korunkban újra felfedezik azt, amivel a jógik ősidők óta tisztában vannak. Sir James Jeans brit tudós így írt: „A világegyetem egyre inkább egy nagyszerű gondolatnak kezd látszani, semmint egy nagyszerű gépezetnek." Einstein pedig a következőt mondta: „Azt akarom tudni, hogyan teremtette Isten a világot. Nem ez vagy amaz a jelenség érdekel, az egyik vagy a másik elem spektruma. Én az Ő gondolatait akarom megismerni; a többi részletkérdés."

Kihozni magadból a legjobbat

Egészen egyszerűen fogalmazva mindössze annyit kell tenned, hogy száműzöd magadból a kiirtandó gondolatokat, éspedig oly módon, hogy építő gondolatokkal cseréled fel őket. Ez a mennyország kulcsa, s e kulcs a kezedben van.

Önvizsgálat: a fejlődés titka

Az első teendőd az önvizsgálat. Készíts leltárt önmagadról és a szokásaidról, és derítsd ki, mi áll az utadban. Gyakran a henyeség a ludas, vagy a határozott és osztatlan figyelem és erőfeszítés hiánya. Máskor bizonyos szokásokat kell kigyomlálnod életed kertjéből, hogy az igaz boldogság erősebben meggyökerezhessen.

❖ ❖ ❖

A fejlődés egyik titka az önelemzés. Az önvizsgálat tükör, amelyben elméd olyan zugait pillantod meg, amelyek másként rejtve maradtak volna előtted. Diagnosztizáld kudarcaidat, és szűrd ki jó és rossz hajlamaidat. Elemezd, hogy ki vagy, mivé akarsz válni, és milyen hiányosságok gátolnak meg ebben.

❖ ❖ ❖

Milliószámra élnek olyanok, akik sosem elemzik önmagukat. Szellemi téren ők környezetük futószalagjának mechanikus termékei, akiket teljesen lefoglal a reggeli, ebéd és vacsora, a munka és az alvás, s a különböző szórakozások hajszolása. Nincsenek tisztában azzal, miért és mi után kutatnak, sem azzal, hogy miért nem képesek soha elérni a maradéktalan boldogságot és a tartós elégedettséget. Az önvizsgálat alól kibúvók a környezetük által

Ahol A Fény Honol

kondicionált robotként élnek. A valódi önvizsgálat a fejlődés legkifinomultabb eszköze. Mindenkinek meg kell tanulnia szenvedélymentesen górcső alá venni önmagát. Naponta vesd papírra gondolataidat és törekvéseidet. Derítsd ki, milyen vagy – nem azt, hogy milyennek képzeled magad! –, hiszen olyanná szeretnéd tenni magad, amilyennek lenned kellene. Az emberek zöme azért nem változik, mert nem veszi észre a saját hibáit.

❖ ❖ ❖

Aki eddig nem vezetett naplót gondolatairól, annak ideje elkezdeni ezt az üdvös gyakorlatot. Ha az ember pontosan tisztában van vele, mennyivel és milyen tekintetben marad alatta a mércének élete mindennapi tapasztalataiban, ez ösztönzést jelenthet számára, hogy nagyobb igyekezettel próbáljon olyanná válni, amilyennek lennie kell. Amennyiben ilyen naplót vezetünk, és latba vetjük ítélőképességünket, hogy kiirtsuk azokat a rossz szokásokat, amelyekkel fájdalmat és szenvedést okozunk önmagunknak és másoknak, akkor valóban képesek leszünk megszabadulni tőlük. Minden este fel kell tennünk magunknak a kérdést: „Ma mennyi időt szenteltem Istennek?" Meg kell továbbá vizsgálnunk, mennyi időt szántunk mélyenszántó gondolkodásra, mennyit teljesítettünk kötelességeinkből, mi mindent tettünk másokért, s hogyan alakítottuk viselkedésünket a nap folyamán előadódó különféle élethelyzetekben.

❖ ❖ ❖

Kihozni magadból a legjobbat

Ha figyelemmel kíséred elméd grafikonjait, napról napra nyomon követheted fejlődésedet. Hiszen nem célod rejtőzködni önmagad elől. Olyannak kell megismerned magadat, amilyen vagy. Ha naplót vezetsz önvizsgálatodról, szemmel tarthatod rossz szokásaidat, és jobban felkészülhetsz kiirtásukra.

A kísértések leküzdése

A jóság útja sokszor rögösnek tűnik, míg a rossz irányába indulni annál könnyebb; ráadásul az ember úgy érzi, hogy a rossz dolgokról lemondva elmulaszt valamit. De én mondom neked, hogy a megbánáson kívül semmiről sem maradsz le.

❖ ❖ ❖

Mindaz, amitől a legkiválóbbak óva intettek, a mérgezett mézhez hasonlatos. Én azt tanácsolom, ne kóstold meg. „De hát olyan édes" – érvelhetsz. Nos, én erre azt felelem, hogy miután megízlelted eme édességet, a pusztulás vár rád. A gonosz édességével csábít, hogy elámítson. Használnod kell ítélőképességedet, hogy különbséget tégy a mérgezett méz és aközött, ami valóban legfőbb javadat szolgálja. Kerüld mindazokat a dolgokat, amelyek végül ártalmadra lesznek, s válaszd azokat, amelyek szabadságot és boldogságot adnak neked.

❖ ❖ ❖

A szomorúság, a betegség és a kudarc természetes következményei annak, ha áthágjuk Isten törvényeit. A bölcsesség abban áll, hogy óvakodsz e törvényszegésektől, s békességet és boldogságot lelsz önmagadban olyan gondolatok és cselekedetek révén, amelyek összhangban vannak valódi Éneddel.

❖ ❖ ❖

Valahányszor elemi erejű vágyakozás támad szívedben... használd az ítélőképességedet. Tedd fel magadnak a kérdést: „Vajon jó vagy rossz az a vágy, amelyet beteljesíteni igyekszem?"

❖ ❖ ❖

Az anyagi vágyak tápot adnak rossz szokásainknak azáltal, hogy az elégedettség és a boldogság hamis reményét ébresztik. Ilyenkor latba kell vetnünk ítélőképességünket, hogy felismerhessük az igazságot: A rossz szokások végső soron boldogtalansághoz vezetnek. Az ekként leleplezett rossz szokások elvesztik erejüket, s többé nem tarthatnak gyötrelmet fiadzó uralmuk alatt.

❖ ❖ ❖

Ha ellenállsz a kísértéseknek, azzal korántsem tagadod meg az élet összes gyönyörűségét; csupán mennyei uralmat gyakorolsz késztetéseid felett. Én a valódi szabadsághoz mutatom meg neked az utat, nem ahhoz a hamis szabadságérzethez, amely gyakorlatilag arra kényszerít, hogy szokásaid parancsának engedelmeskedj.

❖ ❖ ❖

A régi, ortodox módszer az, hogy megtagadjuk és elfojtsuk

Kihozni magadból a legjobbat

a kísértést. Ám valójában azt kell megtanulnod, hogyan *uralkodhatsz* a kísértésen. Kísértést érezni nem bűn. Bármennyire forr is a véred a kísértéstől, attól még nem vagy rossz; ám ha engedsz neki, akkor átmenetileg a gonosz hatalmába kerülsz. A bölcsesség védműveivel kell körülbástyáznod magad. Nincs hathatósabb erő, amelyet a kísértés ellen felvonultathatsz, mint a bölcsesség. A teljes megértés révén eljuthatsz addig a pontig, ahol többé semmi sem csábíthat olyan tettekre, amelyek gyönyörűséget ígérnek, ám végül csak károdra válnak.

❖ ❖ ❖

Amíg nem teszel szert a bölcsességre, a kísértés felbukkanásakor először ellen kell szegülnöd a késztetésnek, hogy cselekedj, és csak *azután* jöhetnek az érvek. Ha először érvelni próbálsz, akkor jobb belátásod ellenére is rákényszerülsz arra, amit nem akarsz megtenni, hiszen a kísértés minden érvet félresöpör. Egyszerűen mondj „nemet", majd állj fel és menj tovább. Ez a legbiztosabb módszer, hogy megmeneküljön az Ördögtől.[3] Minél jobban kifejleszted magadban a „nem akarás" e képességét a kísértések ostromának idején, annál boldogabb lesz az életed, hiszen minden örömöd azon múlik, hogy cselekedeteidben követni tudod lelkiismereted *sugallatát* azzal kapcsolatban, hogy mit *kell* csinálnod.

❖ ❖ ❖

---

3 Sátán; a káprázat tudatos ereje, amely megpróbálja az embert tudatlanságban tartani isteni természete felől. Lásd a *májá* kifejezést a szójegyzékben.

Ahol A Fény Honol

Amikor *nemet* mondasz a kísértésre, ezt komolyan is kell gondolnod. Ne add be a derekad. A gerinctelen puhány csak az *igent* tudja rávágni mindenre. A nagy elmék azonban teli vannak *nemekkel.*

❖ ❖ ❖

Ha eltökélted magadban, hogy nem fogsz dohányozni vagy botor módon torkoskodni, hazudni vagy csalni, légy szilárd ezekben az üdvös vágyaidban; ne inogj meg. A rossz környezet elszívja akaratodat, és táptalaja a nemtelen vágyaknak. Ha tolvajok között élsz, az övékét tartod az egyetlen lehetséges életformának. Ha azonban szent életű személyiségek körében telnek napjaid, s részed volt az isteni eggyé válásban, többé semmilyen más vágy nem kísérthet meg.

❖ ❖ ❖

Ha van valamilyen konkrét rossz szokásod vagy karmikus hajlamod, ne forogj olyan emberek között, akik ugyanennek a rossz szokásnak a rabjai. Ha hajlamos vagy a mohóságra, kerüld a mohó emberek társaságát. Ha az ital után sóvárogsz, maradj távol az iszákosoktól. Akik támogatnak rossz szokásaidban, azok nem a barátaid; csak arra késztetnek, hogy eldobd magadtól lelked örömét. Kerüld a kártékony személyek társaságát, és csak jó emberek körében időzz.

❖ ❖ ❖

Kihozni magadból a legjobbat

A legfőbb befolyás az életedben, amely még az akaraterődnél is erősebb, a környezeted. Ha szükséges, változtasd meg.

❖ ❖ ❖

Kétféle környezet létezik, amelynek körültekintő figyelmet kell szentelned: a külső és a belső.

❖ ❖ ❖

Ügyelj a gondolataidra. Minden tapasztalatod a gondolataidon átszűrődve jut el hozzád. A gondolataid társasága emel fel vagy alacsonyít le.

❖ ❖ ❖

Erősebbnek kell lenned azoknál a gondolatoknál és sugallatoknál, amelyeket mások szüntelenül sugároznak feléd. Így lehetsz úrrá a környezetedbe áradó negatív rezgéseken.

❖ ❖ ❖

Gondolj Istenre a környezetedként. Válj eggyé Istennel, és semmi sem árthat neked.

❖ ❖ ❖

Minden cselekedetnek megvan a maga megfelelője az elménkben. Tetteinket ugyan testi erőnkkel hajtjuk végre, ám tevékenységünk a gondolatainkból ered, és elmekapitány irányítja. Lopni rossz dolog, ám még nagyobb rossz az a gondolatban elkövetett tolvajlás, amely a fizikai cselekedetet megelőzi, ugyanis a valódi elkövető az elme. Bármilyen rosszcselekedetet akarsz is elkerülni, először az elmédből kell száműznöd. Ha csak a fizikai cselekvésre összpontosítasz, nagyon bajos magadhoz ragadnod az uralmat. Koncentrálj az elmére: helyesbítsd a gondolataidat, s a cselekedeteid automatikusan hozzájuk igazodnak.

❖ ❖ ❖

Valahányszor rossz gondolat fogan meg benned, űzd ki elmédből. Ekkor a Sátán nem árthat neked. Ám amint helytelen gondolatokat kezdesz táplálni, máris megteszed az első lépést a Sátán felé. Szüntelenül ide-oda ingadozol jó és rossz között; ha véglegesen meg akarsz menekülni, oda kell eljutnod, ahol a Sátán képtelen lesz elérni téged: Isten szívének mélyére.

❖ ❖ ❖

Az erény és a tisztaság nem a gyengeségben gyökerezik. Erőteljes tulajdonságok ezek, amelyek harcba szállnak a gonosz erőivel. Hatalmadban áll eldönteni, hogy mennyi tisztaságot, szeretetet, szépséget és spirituális örömöt juttatsz kifejezésre – nem csupán a tetteidben, de a gondolataidban, az érzéseidben és a vágyaidban is... Őrizd meg tisztán elmédet, és azt fogod észrevenni, hogy az Úr mindig veled van. Hallani fogod Őt, amint saját szíved nyelvén szól hozzád; Őt fogod megpillantani minden virágban és bokorban, minden egyes fűszálban, minden tovatűnő gondolatban. „Boldogok, akiknek szívök tiszta: mert ők az Istent meglátják."⁴

❖ ❖ ❖

A kísértés legyőzésének legjobb módja az összehasonlítás. Meditálj többet, és figyeld meg, hogy a meditáció nem nyújt-e teljesebb boldogságot.

❖ ❖ ❖

Amikor visszavonod elmédet a bensődbe [meditáció közben], akkor kezded majd észlelni, hogy odabenn sokkal több csodálatos dolog rejlik, mint a külvilágban.

❖ ❖ ❖

Ha csupán *rápillantanál* a lelkedre, Isten makulátlan tökéletességű képmására a bensődben, menten úgy éreznéd, hogy minden vágyad kielégülést nyert!

❖ ❖ ❖

Belső öröm híján az emberek gonosszá válnak. Az Üdvös Boldogság Istenén való elmélkedés áthat bennünket jósággal.

❖ ❖ ❖

---

4 Mát 5:8

Az ego anyagi csatornákon át kísérli meg kielégíteni a lélek Isten utáni szüntelen és kielégíthetetlen sóvárgását. Ám célja elérése helyett csak tovább fokozza az ember nyomorúságát. A lélek szomját sosem lehet érzéki tobzódással csillapítani. Amikor az ember felismeri ezt, és megfékezi egóját, vagyis amikor önuralomra tesz szert, bár továbbra is testének porhüvelyébe van zárva, élete felmagasztaltatik az isteni üdvös boldogság tudatossága által. Ezután ahelyett, hogy anyagi vágyak és sóvárgások rabszolgájaként élne, figyelme áthelyeződik a Mindenütt Jelenvalóság szívére, s ott örökre megpihen a mindenekben benne rejlő Örömben.

A helyes hozzáállás múltbéli vétkeidhez

Őrizkedj attól, hogy hosszasan tépelődj a múltban elkövetett megannyi rosszcselekedeten. Ezek immár nem tartoznak hozzád; hadd merüljenek hát feledésbe. A figyelem az, ami a szokásokat és az emlékezetet kialakítja. Amint ráteszed a tűt egy gramofonlemezre, az máris elkezdi lejátszani. A figyelem a tű, amely múltbéli tetteink lejárt lemezét újra meg újra lejátssza; nem szabad hát figyelmedet a rosszcselekedetekre fordítanod. Miért szenvednél továbbra is múltad botor cselekedetei miatt? Vesd ki emléküket az elmédből, és ügyelj rá, hogy többé ne kövesd el őket.

❖ ❖ ❖

Téged talán aggodalommal tölt el mindaz a rossz, amit a múltban elkövettél, Isten azonban nem törődik vele. Ami volt, elmúlt. Te az Ő gyermeke vagy, és bármi rosszat követtél is el,

Kihozni magadból a legjobbat

csak azért tehetted, mert még nem ismerted Őt. Ő nem rója fel neked azt a gonoszságot, amit tudatlanságod befolyása alatt tettél. Mindössze annyit kér, hogy ne ismételd meg rosszcselekedeteidet. Pusztán azt akarja megtudni, vajon őszinte szándék vezérel-e a jóra.

❖ ❖ ❖

„Feledd el a múltat – mondta Srí Juktésvar. – A tovatűnt esztendőket mindenki életében számos szégyenletes tett homályosítja el. Az ember mindaddig állhatatlanul viselkedik, amíg az Isteni révébe nem ér. Ha a jelenben hajlandó vagy spirituális erőfeszítéseket tenni, az egész jövőd fényesebb lesz."

❖ ❖ ❖

Ne gondolj magadra bűnösként. Te a Mennyei Atya gyermeke vagy. Még ha a legelvetemültebb bűnöket követted is el, feledkezz meg róluk. Ha eltökélted magad, hogy jó leszel, akkor többé már nem vagy bűnös…[5] Kezdj mindent újra tiszta lappal, és mondd magadban: „Én világéletemben jó voltam, csak álmodtam, hogy rosszat cselekszem." És ez így igaz: a gonoszság csupán lidércnyomás, nem sajátja a léleknek.

---

5 „Hordozza bár a legsúlyosabb karmát, aki szüntelenül Énrajtam meditál, az gyorsan elhárítja maga fölül múltbéli rosszcselekedeteinek következményeit, és emelkedett lelkű lénnyé válva hamarost eléri az örökkévaló békességet. Bizonyos lehetsz felőle: ha a hívő Énbelém veti bizalmát, sosem vész el!" (Bhagavad-gítá IX:30–31)

Ahol A Fény Honol

❖ ❖ ❖

Legyenek bár hibáid oly mérhetetlenek, miként az óceán, a lelkedet magát mégsem nyelhetik el. Te csak haladj előre megingathatatlan eltökéltséggel utadon, s ne hagyd, hogy múltbéli hibáid korlátozó gondolatai akadályokat gördítsenek eléd.

❖ ❖ ❖

Az Örök Láng szikrája vagy. A szikrát elrejtheted, de ki sosem olthatod.

❖ ❖ ❖

Uralkodjon bár évezredeken át sötétség egy barlangban, ha beviszel egy lámpást, a sötétség nyomban szertefoszlik, mintha sosem lett volna. Hasonlóképpen, bármilyen hiányosságaid legyenek is, amint kigyújtod magadban a jóság fényét, nyomban megszabadulsz tőlük. Oly nagy a léleknek fényessége, hogy a gonosz megtestesülései nem képesek kioltani.

❖ ❖ ❖

Semmilyen bűn nem megbocsáthatatlan, semmiféle gonosz nem lebírhatatlan, hiszen a viszonylagosság világában nem léteznek abszolútumok.

❖ ❖ ❖

Isten sosem mond le senkiről. Amikor bűnt elkövetvén azt hiszed, hogy vétked mérhetetlen és jóvátehetetlen; és amikor a

Kihozni magadból a legjobbat

világ jelentéktelennek bélyegez, és kijelenti rólad, hogy sosem viszed semmire, akkor állj meg egy pillanatra, és jusson eszedbe az Istenanya.[6] Mondd neki a következőt: „Istenanya, én a Te gyermeked vagyok, a Te engedetlen gyermeked. Kérlek, bocsáss meg nekem." Amikor Isten anyaaspektusához folyamodsz, nincs mitől tartanod – egyszerűen meglágyítod az Isteni Szívet. Ha azonban megátalkodsz rosszcselekedeteidben, Isten megvonja tőled támogatását. Imádság közben neked kell lemondanod gonosz tetteidről.

❖ ❖ ❖

A szentek olyan bűnösök, akik nem adták fel. Bármilyen nehézségeid vannak, ha nem vagy hajlandó feladni, akkor lassan előreküzdöd magad az ár ellenében. Küzdeni annyi, mint elnyerni Isten kegyét.

❖ ❖ ❖

A gyémánt talán kevésbé értékes, ha sár borítja? Isten lelkünk változhatatlan szépségét látja. Ő tudja, hogy nem vagyunk azonosak a hibáinkkal.

❖ ❖ ❖

Utóbbi néhány megtestesülésedben emberi lényként éltél, ám öröktől fogva Isten gyermeke vagy. Soha ne gondolj önmagadra

---

6 Lásd a szójegyzéket.

bűnösként, hiszen a bűn és a tudatlanság csupán halandó rémálmok. Amikor majd felébredünk Istenben, rá fogunk jönni, hogy valódi lényünk – a lélek, a színtiszta tudat – soha nem tett semmi rosszat. Mi magunk a halandók tapasztalataitól romlatlanul Isten fiai vagyunk most, és voltunk mindig is.

❖ ❖ ❖

Mindnyájan Isten gyermekei vagyunk. Az Ő szelleméből születünk, annak teljes tisztaságában, dicsőségében és örömében. Ez az örökségünk elvitathatatlan. Minden bűnök legsúlyosabbika, ha az ember a tévelygés útján megátalkodva bűnösnek bélyegzi magát. A Biblia így szól: „Nem tudjátok-é, hogy ti Isten temploma vagytok, és az Isten Lelke lakozik bennetek?"[7] Soha ne feledd: a te Atyád fenntartás nélkül szeret téged.

Jó szokások kialakítása, és a rosszak kiirtása

Fordulj Isten felé, és meglátod, hogy lerázod magadról a szokások és a környezet láncait... Az egóval azonosuló Én rab; a lélekkel azonosuló Én szabad.

❖ ❖ ❖

---

[7] 1Kor 3:16. Vö. Bhagavad-gítá XIII:22, 32: „A Legfelsőbb Szellem, mely transzcendens és a testben létező, maga az elkülönült Szemlélő, Jóváhagyó, Fenntartó, Megtapasztaló, a Nagy Úr és egyben a Legmagasabb Én... Az Én, jóllehet egész testünkben ott székel, örökké romlatlan."

Kihozni magadból a legjobbat

Az elméd talán azt súgja, hogy képtelen vagy megszabadulni egy bizonyos szokástól; ám a szokások nem egyebek saját gondolataid ismétlődéseinél, ezek megváltoztatására pedig igenis képes vagy.

❖ ❖ ❖

A legtöbb ember, aki eltökéli magában, hogy abbahagyja a dohányzást, vagy nem fog annyi édességet enni, jobb belátása ellenére továbbra sem hagy fel szokásaival. Ők azért nem tudnak megváltozni, mert az elméjük, mint az itatóspapír, megszívta magát gondolati szokásokkal. A szokás az elme abbéli meggyőződése, hogy képtelen megszabadulni egy bizonyos gondolattól; ilyen értelemben a szokások valóban igen makacsok. Ha egyszer megteszel valamit, cselekedeted bizonyos hatást vagy benyomást gyakorol a tudatodra. Te pedig e befolyás következtében hajlamossá válsz megismételni az adott cselekedetet.

❖ ❖ ❖

Egy cselekedet ismételt végrehajtása egyfajta szellemi lenyomatot hagy maga után. Minden egyes tettünket éppúgy elkövetjük gondolatban, mint fizikailag, és bizonyos cselekvések megismétlése, illetve a hozzájuk kapcsolódó gondolati mintázat finom elektromos pályákat alakít ki agyunkban, olyanformán, amilyenek a gramofonlemez barázdái. Egy idő után, valahányszor az elektromos pályák „barázdáira" igazítod figyelmed tűjét, az megkezdi az eredeti „lemez", vagyis a szellemi lenyomat lejátszását. Minden alkalommal, amikor megismételsz egy-egy cselekvést, az elektromos pályák e barázdái mélyebbé válnak, amíg végül a legcsekélyebb figyelem is automatikusan újra meg újra beindítja ugyanazon cselekedetek „lejátszását".

❖ ❖ ❖

Ezek a mintázatok egy bizonyos viselkedésformára késztetnek téged, sokszor a kívánságod ellenére. Az életed azokat a barázdákat követi, amelyeket te magad hoztál létre az agyadban. Ebben az értelemben korántsem vagy szabad ember; többé-kevésbé a saját magad által kialakított szokások áldozata vagy. Amilyen erősen rögzültek ezek a mintázatok, oly mértékben viselkedsz puszta bábuként. Azonban igenis képes vagy *semlegesíteni* e rossz szokások parancsait. Hogy miként? Úgy, hogy kialakítod az ellentétes, jó szokások agyi mintázatait. Ráadásul a meditáció révén teljesen *ki is törölheted* a rossz szokások vájta barázdákat.

❖ ❖ ❖

Úgy kell kigyógyítanod magad a gonosz szokásokból, hogy ellentétes, jó szokásokkal égeted ki őket magadból. Ha példának okáért megvan az a rossz szokásod, hogy gyakran hazudsz, és emiatt már sok barátodat elveszítetted, akkor ideje kialakítanod magadban az igazmondás ellentétes, jó szokását.

❖ ❖ ❖

Úgy foszd meg rossz szokásaidat az erejüktől, hogy elkerülöd kiváltó okaikat, és mindazt, ami a megtételükre sarkallt – ám ügyelj, nehogy nagy buzgalmadban rájuk összpontosítsd

Kihozni magadból a legjobbat

figyelmedet. Azután irányozd elmédet valamely jó szokásra, és következetesen gyakorold mindaddig, amíg megbízhatóan beléd nem gyökerezik.

❖ ❖ ❖

Még egy rossz szokásnak is időbe telik eluralkodni, akkor hát miért lennél türelmetlen, ha egy rivális jó szokás lassan alakul ki? Nem kell kétségbe esned nemkívánatos szokásaid miatt; egyszerűen csak ne adj nekik többé tápot, vagyis ne erősítsd őket az adott viselkedésforma ismétlésével. Az egyes szokások kialakulásáig eltelt idő az egyéni idegrendszeri és agyi sajátosságok szerint változik; fő meghatározó tényezője a figyelmünk minősége.

❖ ❖ ❖

Az intenzív, összpontosításon edződött figyelem erejével bármely szokás meghonosítható – vagyis új mintázatok hozhatók létre az agyban – akaratlagosan és jóformán haladéktalanul.

❖ ❖ ❖

Amikor egy jó szokást akarsz kialakítani, vagy ki akarsz irtani egy rosszat, összpontosíts az agysejtekre, a szokások működési mechanizmusainak tárházaira. A jó szokás kialakítása érdekében meditálj; majd a Krisztus-középpontra – az akarat szemöldökök közötti központjára – rögzített koncentrációval mélyen erősítsd meg magadban a meghonosítani kívánt jó szokást. Amikor pedig egy rossz szokást akarsz kiirtani, koncentrálj

Ahol A Fény Honol

a Krisztus-középpontra, és mélyen erősítsd meg magadban, hogy a rossz szokások valamennyi barázdája kitörlődik agyadból.

❖ ❖ ❖

Összpontosítás és akaraterő segítségével még a régóta rögzült szokásaid mély barázdáit is ki tudod törölni. Ha például szenvedélyes dohányos vagy, mondd magadnak a következőt: „A dohányzás szokása régen befészkelte magát az agyamba. Most azonban figyelmemet teljes egészében az agyamra összpontosítom, és ki *akarom* űzni onnan ezt a szokást." Ekként add ki a parancsot elmédnek újra meg újra. A nap legjobb szaka erre a reggel, amikor az akarat és a figyelem egyaránt friss. Ismételten erősítsd meg szabadságodat, akaraterőd minden cseppjét latba vetve, s egy szép nap azt fogod érezni, hogy már nem vergődsz a szokás csapdájában.

❖ ❖ ❖

Ha őszintén meg akarsz szabadulni jelenlegi rossz szokásaidtól… akkor keresve sem találsz remekebb segédeszközt a meditációnál. Valahányszor mélyen meditálsz Istenen, jótékony változások mennek végbe agyad mintázataiban.

❖ ❖ ❖

Meditálj a gondolaton: „Én és az én Atyám egyek vagyunk", s igyekezz megérezni a mélységes békességet, majd az ujjongó örömöt a szívedben. Amikor ez az öröm eltölt, mondd a következőt: „Te itt vagy vélem, Atyám! Megparancsolom a Te bennem

Kihozni magadból a legjobbat

lakozó hatalmadnak, hogy égesse ki agysejtjeimből a rossz szokásokat és a múltból hozott hajlamcsírákat." Isten hatalma meg fogja tenni ezt meditáció közben. Szabadulj meg a korlátozó tudattól, hogy közönséges férfiként vagy nőként létezel; *tudd,* hogy te Isten gyermeke vagy. Azután a következő gondolati megerősítéssel imádkozz Istenhez: „Megparancsolom az agysejtjeimnek, hogy változzanak, és töröljék ki a rossz szokások barázdáit, amelyek bábut csináltak belőlem. Uram, égjenek porrá e szokások a Te isteni fényed tüzében."

❖ ❖ ❖

Tegyük fel, hogy a problémád a következő: gyakran dühbe gurulsz, és utólag mindig nagyon bánt, hogy kijöttél a sodrodból. Ez esetben minden este és reggel tököld el magadban, hogy nem fogsz engedni a haragnak. Az első nap alkalmasint meg fog gyűlni a bajod, de a második már egy kicsivel könnyebb lesz. A harmadik napon még könnyebben boldogulsz majd. Pár nap múltán fel fogod ismerni, hogy a győzelem igenis lehetséges. És ha nem lankad az erőfeszítésed, egy éven belül egészen más ember válik belőled.

IMÁDSÁG AZ ÉLESLÁTÓ BÖLCSESSÉGÉRT

Adj nekem bölcsességet, hogy boldogan kövessem az igazságosság útját. Engedd kifejlesztenem a lelki éleslátás képességét, amely még legrejtettebb formájában is kifürkészi a gonoszt; s amely a jóság szerény ösvényére vezérel engem.

MEGERŐSÍTÉS A ROSSZ SZOKÁSOK KIGYOMLÁLÁSÁHOZ

[Paramahansza Jógánanda a szokások leküzdéséről tartott nyilvános felszólalásainak egyikét azzal fejezte be, hogy a következő felhívást intézte hallgatóihoz:]
Hunyják le a szemüket, és gondoljanak egy rossz szokásukra, amelytől meg kívánnak szabadulni... Erősítsék meg velem együtt: „Most rögtön megszabadulok e szokástól! Máris szabad vagyok!" Fogóddzanak meg a szabadság e gondolatában; felejtsék el a rossz szokást.
Mondják utánam: „Újjá fogom formálni tudatomat. Ebben az új évben új emberré válok. S egyre-másra változtatok a tudatomon mindaddig, amíg teljesen el nem űztem a tudatlanság sötétjét, és ki nem gyújtottam magamban a Szellem ragyogó fényét, akinek képére teremtettem."

IMÁDSÁG

Ó, Isteni Tanító, hadd eszméljek rá, hogy bár tudatlanságom homálya réges-rég aláereszkedett, a te fényességed felvirradtával a sötétség úgy fog szertefoszlani, mintha sosem lett volna.

10. FEJEZET

Boldogság

Ha már feladtad a reményt, hogy valaha is boldog leszel, most felderülhetsz. A reményt sosem szabad elveszítened. Lelked, lévén az örökké örömteli Szellem tükörképe, lényegében maga a boldogság.

❖ ❖ ❖

Ha a boldogságra vágysz, ragadd meg! Semmi sem akadályozhat meg ebben.

Pozitív mentális hozzáállás

A boldogság bizonyos mértékig a külső körülményektől is függ, főként azonban mentális hozzáállásunk függvénye.

❖ ❖ ❖

A spirituális tudomány szerint az elme beállítottsága mindennél fontosabb… Úgy szoktasd elmédet, hogy minden körülmények között semleges maradjon. Az elme olyan, miként az itatóspapír: nyomban átveszi bármely tinta színét, amelyet használsz. A legtöbb ember elméje a környezete színét ölti magára. Ám nincs mentség arra, ha az ember egyre-másra behódol a külső körülményeknek. Amennyiben elméd beállítottsága a téged érő megpróbáltatások hatására szüntelenül változik, fokozatosan alulmaradsz az élet csatájában.

❖ ❖ ❖

Ha erősen eltökéled magad a boldogságra, sokat segítesz magadon. Ne a körülményeid változására várj abban a tévhitben, hogy ezek minden bajod okozói.

❖ ❖ ❖

Ha meg akarod változtatni a körülményeidet, változtasd meg a gondolataidat. Mivel gondolataidért egyes-egyedül te magad vagy a felelős, csakis te teheted őket pozitívabbá. Amikor ráébredsz, hogy minden egyes gondolat a saját jellegének megfelelő teremtőerővel bír, egyszeriben meg akarod majd változtatni őket. Ne feledd, hogy e törvény kivétel nélkül mindig működik, s mindenkori viselkedésed hű tükörképe a gondolatoknak, melyeket rendszeresen táplálsz magadban. Így hát mostantól csak azokat a gondolatokat engedd be elmédbe, amelyek egészséget és boldogságot hoznak számodra.

❖ ❖ ❖

Az embernek tisztába kell jönnie azzal, hogy a saját intelligenciája szabályozza testének atomjait. Nem szabad a szellemi beszűkültség börtönében sínylődnie. Szívd be inkább mások életadó gondolatainak és nézeteinek friss levegőjét. Űzd ki magadból a csüggedés, az elégedetlenség és a reménytelenség mérgező

Boldogság

gondolatait. Idd magadba az életerőt, és nyerj szellemi táplálékot az anyagi és spirituális szempontból haladó elméktől. Ínyencként élvezd a magad és mások teremtő gondolatait. Tégy kiadós szellemi sétákat az önbizalom ösvényén. És eddzed magad az ítélőképesség, az önvizsgálat és a kezdeményezőkészség eszközeivel.

❖ ❖ ❖

Az elme – lévén valamennyi élő sejt agya, érző- és észlelőközpontja – képes éber vagy levert állapotban tartani az emberi testet. Az elme a király, amelynek sejtalattvalói pontosan uruk hangulatának megfelelően viselkednek. Ahogyan napi étrendünk tápértékével törődünk, éppúgy oda kellene figyelnünk a lélektani étrend táperejére is, amelyet nap mint nap felszolgálunk elménknek.

❖ ❖ ❖

A lélek természete az üdvös boldogság: az örökké változó és örökkön megújuló öröm e maradandó, benső állapota... Szeszélyesen csapongó tudatodat alapozd meg bensőd rendíthetetlen nyugalmában, amely Isten trónusa; majd hagyd, hogy lelked éjjel és nappal kinyilvánítsa üdvös boldogságát.

❖ ❖ ❖

Ha te magad nem döntesz a boldogság mellett, senki sem tehet boldoggá. Emiatt ne Istent hibáztasd! Ha pedig te úgy határozol, hogy igenis boldog leszel, akkor senki sem tehet boldogtalanná. Ha Ő nem ruházott volna fel bennünket szabadsággal, hogy használjuk a saját akaratunkat, akkor okolhatnánk Őt boldogtalanságunkért, ám Isten igenis megadta nekünk e szabadságot. Mi magunk tesszük az életünket olyanná, amilyen.

❖ ❖ ❖

Gyakran összeszorított foggal szenvedünk tovább anélkül, hogy erőfeszítést tennénk a változásra; ezért nem lelünk tartós békességre és elégedettségre. Ha kitartanánk, kétségkívül képesek lennénk leküzdeni minden nehézséget. Igenis meg kell magunkat erőltetnünk, hogy a lelki nyomorúságtól eljussunk a boldogságig, a reményvesztettségtől a bátorságig.

❖ ❖ ❖

A határtalan Isten nevetésének kell benne rezegnie mosolyodban. Engedd, hogy Isten szeretetének fuvallata vigye el mosolyod az emberek szívébe. Isteni mosolyod ragályos lesz; tüze kiűzi a mélabút embertársaid szívéből.

❖ ❖ ❖

Rendszerint az erős jellemű emberek a legboldogabbak. Ők nem másokat hibáztatnak azokért a bajokért, amelyeket általában a saját tetteikre és értetlenségükre lehet visszavezetni. Tisztában vannak vele, hogy senkinek nem áll hatalmában akár egy jottányit is hozzátenni a boldogságukhoz, vagy elvenni belőle, hacsak ők maguk nem olyan gyengék, hogy engedjék hatni magukra mások ártó gondolatait és gonosz cselekedeteit.

Boldogság

❖ ❖ ❖

Ne feledd: bármilyen rosszul alakulnak is a dolgaid, nincs jogod hangulatembernek lenni. *Gondolatban* igenis győzedelmes hódító lehetsz. Ha felülkerekednek rajta, a hangulatember beismeri vereségét. Ám akit gondolatban nem tudnak megtörni, az akkor is diadalt arat, ha a világ porrá és hamuvá omlik körülötte.

❖ ❖ ❖

Legfőbb boldogságod abban rejlik, ha mindenkor hevesen lobog benned a tanulás és a helyes viselkedés vágya. Minél jobbá válsz te magad, annál felemelőbben hatsz a környezetedre. Az önfejlesztő ember boldogsága egyre csak gyarapszik. S minél boldogabbá válsz te magad, annál boldogabbak lesznek a körötted lévők.

❖ ❖ ❖

Kerüld a negatív hozzáállást az élethez. Miért szegeznénk tekintetünket a lábunk alatt futó szennycsatornára, amikor csupa gyönyörűség vesz körül bennünket? Az ember még a festészet, a zene és az irodalom legnagyobb mesterműveiben is találhat hibát. De nem sokkal jobban teszi-e, ha inkább élvezi varázsukat és nagyszerűségüket?

❖ ❖ ❖

Majd' mindenki számára ismerős az a három kicsiny majomalak, amelyek a „ne láss meg semmi rosszat, ne hallj meg semmi rosszat, ne mondj semmi rosszat" életelvet illusztrálják. Jómagam a pozitív megközelítésre szoktam helyezni a hangsúlyt: „Lásd meg, ami jó, halld meg, ami jó, és mondd ki, ami jó!"

❖ ❖ ❖

A jó és a rossz, a pozitív és a negatív egymás mellett léteznek e világban. Miközben igyekeznek megőrizni pozitív tudati hozzáállásukat, sokan észszerűtlenül félni kezdenek a negatív gondolatoktól. Hasztalan tagadni, hogy a negatív gondolatok léteznek, de azért felesleges rettegni tőlük. Ítélőképességed latba vetésével vizsgáld meg a helytelen gondolatokat; azután hajítsd sutba őket.

❖ ❖ ❖

Az életnek megvan a maga fényes és árnyoldala, hiszen a viszonylagosság világa fényből és sötétségből tevődik össze. Ha hagyod, hogy a gondolataid elidőzzenek a gonosz dolgoknál, te magad is rúttá válsz. Mindenben csak a jót keresd, hogy a szépség minőségét szívd magadba.

❖ ❖ ❖

Ha elmélyült figyelemmel gondolkodsz, olvasol és ismételsz igaz állításokat, könnyebben tudod száműzni a tagadást, és meghonosítani elmédben a pozitív hozzáállást. Ismételgesd imádságaidat és megerősítéseidet mély összpontosítással mindaddig, amíg ki nem alakítasz egy gondolkodási szokást, amíg éppúgy természetessé nem válik számodra a helyes gondolati irányultság, ahogyan korábban a negatív gondolkodás volt.

Boldogság

Szabadság a negatív hangulatoktól

Isten lelkünkben fakadó és örökkön megújuló öröme elpusztíthatatlan. Tehát eme öröm elménkben észlelhető megnyilvánulását sem lehet kioltani mindaddig, amíg az ember tudja, hogyan tartson ki mellette, vagyis nem változtatja meg tudatosan hozzáállását, és szeszélyes hangulatainak engedve nem ereszti búnak a fejét.

❖ ❖ ❖

Te Isten képmása vagy; istenként kell hát viselkedned. Ám ehelyett mi történik? Alig keltél ki reggel az ágyból, máris dühbe gurulsz, és panaszkodni kezdesz: „Kihűlt a kávém!" Ugyan mit számít ez? Miért zavartatod magad ilyen apróságok miatt? Tégy szert arra a kiegyensúlyozott kedélyállapotra, amelyben mindenkor képes vagy maradéktalanul megőrizni a nyugalmadat anélkül, hogy szikrányi haragot táplálnál magadban. Ez az, amire szükséged van. Ne hagyd, hogy bárki vagy bármi „kihozzon a sodrodból". Hiszen a te „sodrod" a békesség. Ne engedd hát, hogy bármi kizökkentsen belőle.

❖ ❖ ❖

Kelj új életre mindennapjaid kicsinyességéből, emelkedj felül az apró-cseprő dolgok okozta bosszúságon.

❖ ❖ ❖

Senki sem *szeret* lelki nyomorúságban élni. Miért nem

vizsgálod meg magad legközelebb, amikor rosszkedved van? Meg fogod látni, mennyire önkéntesen és akaratlagosan teszed boldogtalanná magad. És miközben önmagaddal ezt műveled, a környezetedben másokra is átragasztod kellemetlen kedélyállapotodat... Az effajta szeszélyes hangulatváltozásokat le kell törölnöd elméd tükréről.

❖ ❖ ❖

Mindig úgy gondolj elmédre, mint egy kertre, s úgy ápold, hogy isteni gondolatok szépségét és illatát árassza; ne hagyd, hogy utálatos hangulatok dögletes bűzét eregető posvánnyá váljon. Ha féltőn gondozod a békesség és szeretet mennyeien illatozó virágait, a Krisztus-tudat[1] méhecskéje besuhan kertedbe. Ahogyan a méh csak a mézédesen illatozó virágokat választja ki, úgy Isten is csak akkor jön el hozzád, ha az életed mézédes gondolatokkal terhes.

❖ ❖ ❖

Minden egyes kedélyállapotnak megvan a maga konkrét oka, amely a saját elmédben rejlik.

❖ ❖ ❖

Az embernek mindennap önvizsgálatot kell tartania, hogy tisztába jöjjön kedélyállapotának természetével, és azzal, hogy

---

[1] Isten-tudat, amely a teremtésben mindenütt jelen van. Lásd a szójegyzéket.

Boldogság

miként hangolhatja kedvezőbbre, ha ez káros rá nézve. Meglehet, hogy közönyös lelkiállapotban találod magad. Bármit javasolnak is neked, semmi sem érdekel. Ekkor tudatos erőfeszítést kell tenned valamiféle pozitív érdeklődés felébresztésére. Óvakodj a közönytől, amely akaraterőd megbénításával gátat vet előrejutásodnak az életben.

A kedélyállapotod talán csüggedt valamely betegség miatt; úgy érzed, hogy sosem fogod többé visszanyerni egészségedet. Ekkor meg kell próbálnod alkalmazni a helyes életvezetés szabályait, amelyek egészséges, tevékeny és erkölcsös élethez vezetnek, és imádkoznod kell, hogy szilárdabban higgy Isten gyógyító hatalmában.

Vagy tegyük fel, hogy kedélyállapotodat az a meggyőződés uralja, miszerint egy csődtömeg vagy, akinek soha semmi sem sikerül. Ekkor elemezd a problémát, és gondold végig, hogy valóban megtettél-e minden tőled telhető erőfeszítést.

❖ ❖ ❖

Bármilyen borzalmasnak tűnjenek is hangulataid, igenis képes vagy úrrá lenni felettük. Tökéld el magadban, hogy többé nem leszel szeszélyes; s ha elhatározásod ellenére mégis elfog valamilyen hangulat, vizsgáld meg, milyen ok váltotta ki, és tégy valamilyen konstruktív lépést ennek megszüntetésére.

❖ ❖ ❖

A teremtő gondolkodás[2] a legjobb ellenszer a szeszélyes hangulatváltásokra. A tűnő hangulatok akkor nyernek hatalmat tudatod felett, amikor elméd negatív vagy tétlen állapotban van. E gondolattalanság szinte vonzza a szeszélyes hangulatokat; ha pedig szeszélyeskedni kezdesz, megjelenik az ördög, és befolyást gyakorol feletted. Ezért hát fejleszd ki magadban a teremtő gondolkodást. Amikor nem végzel fizikai tevékenységet, foglald el elmédet valamilyen kreatív dologgal. Kösd le, hogy ne jusson ideje engedni holmi szeszélyes hangulatoknak.

❖ ❖ ❖

Amikor kreatívan gondolkodsz, nem figyelsz a testedre vagy a hangulataidra; ilyenkor ráhangolódsz a Szellemre. Emberi értelmünk az Ő alkotó értelmének képére teremtetett, amely mindent lehetségessé tesz, de ha nem ebben a tudatban élünk, szeszélyes hangulataink eluralkodnak felettünk. A teremtő gondolkodás segítségével viszont szertefoszlathatjuk e hangulatokat.

❖ ❖ ❖

Ne feledd, boldogtalanságod oka rendszerint abban keresendő, hogy nem jeleníted meg lelki szemeid előtt elég világosan azokat a nagyszerű dolgokat, amelyeket meg akarsz valósítani az életben, nem veted latba állhatatosan és türelmesen akaraterődet és teremtő képességedet, s nem tudsz türelmesen várni, amíg álmaid valóra válnak.

---

2 Lásd még a 83-87. oldalon.

Boldogság

❖ ❖ ❖

Buzgón foglalatoskodj építő tevékenységekkel a saját fejlődésed érdekében és mások javára, hiszen aki be akar lépni Isten országába, annak minden áldott nap iparkodnia kell, hogy másokkal is jót cselekedjen. Ha követed ezt a sémát, minden rosszkedvet elűző öröm fog eltölteni, amely abból a tudatból fakad, hogy folyamatosan fejlődsz szellemileg, testileg és spirituálisan.

Mások szolgálata

A boldogság titka abban rejlik, ha boldoggá teszünk másokat; ha lemondunk önérdekünkről, hogy másoknak örömet szerezzünk.

❖ ❖ ❖

Saját boldogságunkhoz múlhatatlanul szükséges, hogy boldoggá tegyünk másokat – ráadásul ez az élmény maradéktalan elégedettséggel is megajándékoz bennünket. Egyesek kizárólag a saját családjukra gondolnak: „Itt vagyunk mi négyen, az Úr minket segéljen." Mások csak magukkal törődnek: „Mit tegyek a *saját* boldogságomért?" Azonban pontosan ezek azok az emberek, akik sosem fogják elérni a boldogságot!

❖ ❖ ❖

Minden nyomorúság forrása az, ha az ember csak önmagáért él.

❖ ❖ ❖

Meg fogod látni, mily maradéktalanul kielégülnek a saját szükségleteid, ha spirituális, szellemi vagy anyagi szolgálatot teszel másoknak. Úgy találod majd, hogy amint mások szolgálata közben megfeledkezel az énedről, saját boldogságod kelyhe csordultig telik.

❖ ❖ ❖

Amikor e világra jöttél, sírtál, és mindenki más mosolygott. Úgy kell élned az életed, hogy amikor távozol, mindenki más sírjon, de te mosolyogj.

❖ ❖ ❖

Minél mélyebben meditálsz, és minél készségesebben szolgálsz, annál boldogabb leszel.

A boldogság benső feltételei

Tanuld meg, hogyan hordozhatod önmagadban a boldogság minden feltételét a meditációval, és azzal, hogy ráhangolod tudatodat az örökké létező, örökkön tudatos és örökkön új Örömre, amely maga Isten. Nem szabad engedned, hogy boldogságod valaha is külső befolyástól függjön. Legyen bármilyen a külső környezeted, ne hagyd, hogy háborítsa benső békességedet.

❖ ❖ ❖

Ha megtanultál uralkodni az érzéseid felett, igazi állapotodban tartózkodsz. Az Én, a lélek igazi állapota az üdvös boldogság,

Boldogság

a bölcsesség, a szeretet és a békesség. Amikor olyan boldog vagy, hogy bármit csinálj is, örömödet leled benne. Hát nem sokkal jobb így élni, mint nyugalmat nem lelő démonként tévelyegni szerte a nagyvilágban, aki képtelen bármiben is elégedettségre lelni? Amikor valódi énedben összpontosulsz, Isten örömével végzel el minden feladatot, és leled kedved minden élvezetben. Az Ő mámorító üdvös boldogságával eltelve örömest végzel bármely tevékenységet.

❖ ❖ ❖

A spirituális életben az ember pontosan olyan lesz, miként a kisgyermek – mentes minden neheztelétől és kötődéstől, élettel és örömmel teli.

❖ ❖ ❖

A valódi boldogság bármely külső tapasztalat próbáját kiállja. Ha el tudod viselni mások ellened elkövetett igazságtalanságainak kínszenvedéseit úgy, hogy továbbra is szeretetet és megbocsátást nyújtasz viszonzásul; s ha képes vagy érintetlenül megőrizni magadban ezt az isteni békét a külső körülmények minden fájdalmas csapásának dacára, akkor ismered a valódi boldogságot.

❖ ❖ ❖

Ülj csendben és nyugodtan [miközben meditálsz] legalább félórát, de lehetőleg jóval többet minden este, mielőtt nyugovóra térnél, majd reggel újra, mielőtt hozzálátnál napi tevékenységeidhez. Ezzel a boldogság mintegy megingathatatlan és törhetetlen benső szokásoddá rögzül, s így képes leszel megfelelni minden emberpróbáló helyzetnek az élet mindennapos küzdelmeiben. E változhatatlan, benső boldogság birtokában láss hozzá napi szükségleteid előteremtésének.

❖ ❖ ❖

Ha összpontosításod szemét lehunyva tartod, nem láthatod meg a boldogság kebledben tündöklő napját; de bármily szorosan csukod is le figyelő szemedet, attól mit sem változik a tény, hogy a boldogságsugarak igyekeznek beszűrődni elméd csukott kapuin keresztül. Tárd ki a nyugalom ablakait, és az öröm ragyogó napjának hirtelen kitörésére leszel figyelmes Éned belsejében.

❖ ❖ ❖

Ha befelé fordítod figyelmedet, észlelni fogod a lélek örömtől tündöklő sugarait. Ebben akkor lehet részed, ha ráneveled elmédet, hogy gyönyörködjön a gondolatok szépséges tájképeiben, amelyek bensőd megfoghatatlan birodalmában elé tárulnak. Ne csak a szép ruhákban, a tiszta lakásban, az ínycsiklandó vacsorában, a puha párnában és a fényűzési cikkekben keresd a boldogságot. Mindezek bebörtönzik boldogságodat a külsőségek, a hívságok rácsai mögé.

❖ ❖ ❖

Megbecsülöm, amit Isten ad nekem, de nem hiányolom, ha elveszítem. Valaki egyszer egy gyönyörű, de igen drága kabát-kalap összeállítást ajándékozott nekem. Ekkor kezdődtek csak

Boldogság

a viszontagságaim. Folyton ügyelnem kellett, hogy ne szakítsam el vagy koszoljam be a ruhámat. Kezdtem kellemetlenül érezni magam a bőrömben. „Uram, miért raktad a vállamra ezt a gondot?" – kérdeztem. Egy napon a Trinity Hallban kellett előadást tartanom itt, Los Angelesben. Amikor megérkeztem a csarnokba, és kezdtem lehámozni magamról a kabátomat, az Úr azt sugallta nekem: „Vedd ki a holmidat a zsebekből." Úgy is tettem. Amikor az előadásom után visszamentem a ruhatárba, a kabátnak hűlt helye volt. Megdühödtem, mire valaki azt mondta: „Egyet se bánja, majd szerzünk magának másikat." Én így feleltem: „Nem azért vagyok dühös, mert eltűnt a kabátom, hanem mert aki elemelte, nem vitte magával a hozzáillő kalapot is!"

Ne hagyd, hogy az érzéseid uralkodjanak feletted. Hogyan is lehetnél boldog, ha folyton-folyvást a ruháid vagy más birtoktárgyaid miatt nyugtalankodsz? Öltözködj takarosan és tisztán, azután ne is gondolj többet a ruhádra; takarítsd ki a házad, azután ne foglalkozz többet a dologgal.

❖ ❖ ❖

Minél erősebben függ boldogságod a külső körülményektől, annál kevesebb boldogságban lesz részed.

❖ ❖ ❖

Ha úgy gondolod, hogy boldogan élhetsz megfeledkezve Istenről, akkor nagyon tévedsz, hiszen újra meg újra a magány kiáltásai fognak kiszakadni belőled, amíg rá nem eszmélsz, hogy Isten az égvilágon minden – a világegyetem egyetlen valósága.

Magad is az Ő képére teremtettél. Soha nem lelhetsz maradandó boldogságra semmilyen *dologban*, hiszen Isten kivételével semmi sem teljes.

❖ ❖ ❖

Szavakkal nem lehet leírni azt a színtiszta boldogságot, amelyet az Úrral való eggyé válásban találok. Éjjel és nappal az öröm állapotában leledzem. Ez az öröm Isten. Ismerni Őt annyi, mint eltemetni minden bánatod. Ő nem követeli meg tőled, hogy szenvtelen vagy mogorva légy. Ez téves felfogás Istenről, és ilyen viselkedéssel nem is járhatsz a kedvében. Ha nem ismered a boldogságot, még csak megtalálni sem tudod Őt... Minél boldogabb vagy, annál teljesebben ráhangolódsz Istenre. Akik ismerik Őt, mindig boldogok, hiszen Isten maga az öröm.

MEGERŐSÍTÉSEK

Ma kora hajnaltól kezdve ki fogom sugározni jókedvemet mindenkire, akivel csak találkozom. A mai napon én leszek a szellemi napsugár mindenki számára, akivel összeakadok.

❖ ❖ ❖

Új gondolkodási szokásokat alakítok ki magamnak: mindenütt meglátom a jót, és mindenre Isten tökéletes eszméjének megnyilvánulásaként tekintek.

❖ ❖ ❖

Boldogság

Eltökélem magamban, hogy most rögtön, a jelen élethelyzetemben átélem a boldogságot.

11. FEJEZET

Megférni másokkal

A legnagyobb boldogság mind közül – már-már az isteni boldogsággal határos – békén megférni legközelebbi rokonainkkal, akikkel az év minden napján együtt kell élnünk. Amikor az emberek megpróbálják az érzések rendkívül összetett gépezetét mindenféle gyakorlat nélkül kezelni, a következmények gyakran katasztrofálisak. Igen kevesen ismerik fel, hogy boldogságunk túlnyomórészt az emberi viselkedés törvényeinek megértésében rejlik. Ez az oka annak, hogy oly sokan állnak rendszeresen „hadilábon" a barátaikkal, és ami még rosszabb, szüntelen viszályban a saját szeretteikkel otthon.

A diszharmonikus kapcsolatok kezelése

A helyes emberi viselkedés alapvető törvénye az önmegújítás... Valahányszor bármiféle gondunk adódik a barátainkkal vagy a szeretteinkkel, lélekben fel kell vállalnunk a felelősséget, amiért kellemetlen helyzetbe keveredtünk, majd meg kell próbálnunk a lehető leghamarabb és legsimábban kilábalni belőle. Hiábavaló azzal súlyosbítani a gondokat, hogy nagy hangon, kíméletlenül és udvariatlanul másokat hibáztatunk, még ha őket tartjuk is felelősnek. Lobbanékony természetű szeretteinknek százszorta gyorsabban megtaníthatjuk, hogyan javítsák ki

Megférni másokkal

hibáikat, ha jó példával járunk elöl, mint ha durva vagy önelégült szavakkal bíráljuk őket.

❖ ❖ ❖

Minden harchoz legalább két fél kell. Tehát senki sem harcolhat veled, ha te nem vagy hajlandó részt venni a küzdelemben.

❖ ❖ ❖

Ha valaki sértő szavakkal illet, vagy eleve ne szólj egy szót sem, vagy annyit mondj, hogy: „Sajnálom, ha valamivel megbántottam", és azután ne szólj egy szót sem.

❖ ❖ ❖

A spirituális ember a haragot nyugalommal fegyverzi le, a civakodásnak hallgatással vet véget, a diszharmóniát szép szavakkal oszlatja el, az udvariatlanságot pedig előzékeny viselkedéssel szégyeníti meg.

❖ ❖ ❖

Nincs felszabadítóbb cselekedet annál, mint szívbéli jósággal viszonozni mások kíméletlenségét.

❖ ❖ ❖

Soha ne viselkedj aljas módon, és senki iránt ne táplálj neheztelést. Én magam jobban kedvelek néhány jószívű bűnöst, mint egyes úgynevezett jó embereket, akik elvakultak és részvétlenek.

Ahol A Fény Honol

Spirituálisan élni annyit tesz, mint széles látókörűnek lenni, megértést és megbocsátást tanúsítani, és mindenkivel barátként viselkedni.

❖ ❖ ❖

Az egész római kormányzat nem volt képes kegyetlenséget ébreszteni Krisztusban. Még azokért is ekként imádkozott, akik keresztre feszítették: „Atyám! Bocsásd meg nékik; mert nem tudják mit cselekesznek."[1]

❖ ❖ ❖

A lelki előzékenység, a szívből fakadó udvariasság és a múlhatatlan jóakarat a megfelelő csodaszerek minden helytelen viselkedés ellen.

❖ ❖ ❖

Az emberek az idő túlnyomó részében a saját nézőpontjukból kiindulva beszélnek és cselekszenek. Ritkán látják át – vagy akár próbálják meg átlátni – a másik álláspontját. Ha a megértés hiányából fakadóan civakodni kezdesz valakivel, jusson eszedbe, hogy mindketten egyformán hibáztathatók vagytok, függetlenül attól, hogy melyiktek kezdte a veszekedést. „A bolondok vesznek össze valamin; a bölcsek megvitatják."

---

[1] Luk 23:34

Megférni másokkal

❖ ❖ ❖

Ha nyugalom tölt el, ez korántsem azt jelenti, hogy folyton csak mosolyogsz és mindenkivel egyetértesz, bármit mondjon is – hogy tisztában vagy ugyan az igazsággal, ám senkit sem akarsz bosszantani vele. Ez már szélsőséges viselkedés. Akik ily módon igyekeznek mindenkinek a kedvében járni ama vágytól vezérelve, hogy dicsérjék őket jó természetükért, nem szükségképpen uralkodnak az érzéseik felett… Aki valóban uralkodik az érzésein, az nem tér el az igazságtól, amelyet másokkal is megoszt, amikor csak módja nyílik rá, de persze kerüli, hogy feleslegesen felbosszantson bárkit, aki úgysem volna fogékony a szavaira. Tudja, mikor beszéljen, és mikor hallgasson, de sosem alkuszik meg a saját eszményeinek és benső békéjének rovására. Az ilyen ember nagy jótéteményekre hivatott e világban.

❖ ❖ ❖

Oly módon kell vonzóvá tennünk magunkat mások előtt, hogy az őszintén udvarias nyelvhasználat finom palástját viseljük. Mindenekelőtt saját legközelebbi rokonainkkal kell udvariasnak lennünk. Ha az ember erre képes, szokásává válik, hogy mindenki máshoz is kedves legyen. Az igaz családi boldogság alapját a megértés és a kedves szavak adják, még ha olykor áldozatos erőfeszítést követelnek is. Nem kell persze mindenben egyetérteni másokkal azért, hogy kedvességet tanúsítsunk. Nyugodt hallgatásáról, őszinteségéről és udvarias szavairól – akár egyetértést, akár ellenvéleményt fejeznek ki – ismerszik meg az, aki tudja, hogyan kell viselkedni.

Ahol A Fény Honol

❖ ❖ ❖

Ha szeretetre vágysz, fordulj szeretettel azok felé, akiknek szükségük van a szeretetedre... Ha mások rokonszenvét igyekszel elnyerni, mutass rokonszenvet a környezetedben lévők iránt. Ha azt szeretnéd, hogy tiszteljenek, meg kell tanulnod tiszteletteljesen viselkedni mindenkivel, legyen bár fiatal vagy öreg... Bármit vársz is másoktól, először te magad sugározd ki bensődből; s meglátod, mások is hasonlóval fogják viszonozni.

Harmonikus személyiség kialakítása

Légy őszintén barátságos, amikor mások társaságában vagy. Soha ne viselkedj úgy, „mint aki citromba harapott". Persze nem kell féktelenül vihorásznod, mint egy hiéna, de azért gyászos képet se vágj. Egyszerűen mosolyogj, tedd kellemessé magad, és viselkedj kedvesen másokkal. Azonban álszentség akkor is mosolyt erőltetni arcodra, amikor bensődben haragot vagy neheztelést táplálsz. Ha rokonszenvet akarsz kelteni, légy őszinte. Az őszinteség a lélek olyan tulajdonsága, amellyel Isten minden emberi lényt felruházott, csak épp nem mindenki juttatja kifejezésre. És mindenekfelett légy szerény. Bármilyen bámulatra méltó lelkierővel bírsz is, ne hengerelj le másokat erőteljes természeteddel. Légy higgadt, és tapintatos a többiekkel. Így fejlesztheted ki magadban a rokonszenvet keltő személyes vonzerőt.

❖ ❖ ❖

Ne azáltal próbáld elnyerni mások tetszését, hogy mesterkélt

Megférni másokkal

modorosságokat sajátítasz el. Egyszerűen csak légy szeretetteljes és mindig segítőkész, s töltsd el lényedet az isteni eggyé válás harmóniájával – meglátod, milyen remekül össze fogsz férni mindenkivel a környezetedben.

❖ ❖ ❖

Másokhoz fűződő kapcsolataidban rendkívül fontos felismerned és méltányolnod azokat a jellemvonásokat, amelyeket kicsiszoltak magukban. Ha elfogulatlan elmével tanulmányozod az embereket, jobban meg fogod érteni őket, és képes leszel békén megférni velük. Egy szempillantás alatt meg tudod majd mondani, miféle emberrel van dolgod, és hogyan kell bánnod vele. A filozófussal ne beszélj lóversenyről, a tudóst pedig ne háztartási kérdésekkel traktáld. Derítsd ki, mi érdekli az adott személyt, és arról a tárgyról beszélgess vele – ne feltétlenül arról, ami téged érdekel.

❖ ❖ ❖

Társalgás közben ne folyton csak saját magadról beszélj. Próbálj olyan témát választani, amely érdekli a másikat. És hallgasd meg a mondanivalóját. Így teheted magad vonzóvá mások előtt. Meg fogod látni, milyen kapós lesz a személyed.

❖ ❖ ❖

A kisebbrendűségi komplexus a valódi vagy képzelt gyengeségek titkos tudatából születik. Miközben megpróbálja ellensúlyozni gyengéit, a magát kisebbrendűnek érző gyakran az önteltség vértezetét ölti fel, és felfuvalkodott egót tár a világ elé. Ekkor azok, akik nincsenek tisztában hozzáállásának valódi okával, könnyen kijelenthetik, hogy az illető felsőbbrendűségi komplexusban szenved. Belső diszharmóniájának mindkét megnyilvánulási formája ártalmas az Én-fejlesztés szempontjából. Mindkettő a képzeletből és a tények figyelmen kívül hagyásából táplálkozik, miközben egyik sem tartozik a lélek igazi, mindenható természetéhez. Önbizalmad merítsd ténylegesen elért eredményeidből, valamint abból a tudatból, hogy valódi Éned (a lélek) sosem lehet „alsóbbrendű" semmilyen tekintetben; ekkor mindenféle komplexustól megszabadulsz.

❖ ❖ ❖

Ha az emberek többsége nem talál vonzó személyiségnek, végezz önvizsgálatot. Meglehet, hogy vannak bizonyos alkati vonásaid, amelyek taszítóak mások számára. Talán túl sokat beszélsz, vagy rendszeresen mindenbe beleütöd az orrodat, netán szokásodban áll kertelés nélkül megmondani másoknak, hogy mi a hibájuk, és hogyan kellene élniük, miközben önmagad pallérozásával kapcsolatban semmilyen tanácsot nem fogadsz el. Ezek mind olyan lélektani sajátságok példái, amelyek minden vonzerőnktől megfosztanak mások szemében.

❖ ❖ ❖

A mások iránti előzékenység felettébb csodás tulajdonság, amely a lehető legnagyobb vonzerővel ruház fel minket. Gyakorold! Ha valaki szomjas, a figyelmes ember kitalálja

Megférni másokkal

kívánságát, és innivalóval kínálja. Az előzékenység annyit jelent, hogy tudatosan odafigyelsz másokra. Az előzékeny ember társaságban intuitív tudomással bír mások szükségleteiről.

❖ ❖ ❖

Addig gyakorold az előzékenységet és a szívbéli jóságot, amíg hasonlatossá nem válsz egy szépséges virághoz, amelyre mindenki szívesen tekint. Tégy szert a virág szépségére és a tiszta elmében rejlő vonzerőre. Ha ily módon vonzóvá válsz, sosem fogsz szűkölködni igaz barátokban. Isten és ember egyaránt szeretettel fordul majd feléd.

A negatív érzelmek leküzdése

Amit kisugárzol, visszaszáll rád. Ha gyűlölködsz, gyűlöletet kapsz viszonzásként. Ha diszharmonikus gondolatokkal és érzelmekkel töltöd meg lényedet, lassan tönkreteszed magad. Miért gyűlölnél bárkit, és miért táplálnál haragot iránta? Szeresd ellenségeidet. Miért fortyognál haragod tüzében? Ha valami kihoz a sodrodból, tedd túl rajta magad egykettőre. Sétálj egyet, számolj el tízig vagy tizenötig, avagy tereld a gondolataidat valami kellemes tárgyra. Hagyd kihunyni magadban a megtorlás vágyát. Amikor haragszol, az agyad túlhevül, a szívbillentyűid rendetlenkedni kezdenek, egész testedet elhagyja az életerő. Árassz magadból békességet és jóságot; hiszen ez Isten bensődben lakozó képmásának természete – a te valódi természeted. Ekkor többé senki sem háboríthat téged.

❖ ❖ ❖

Valahányszor féltékeny vagy, a Sátán kezére játszol kozmikus káprázatának erősítésében.[2] Valahányszor haragos vagy, a Sátán útmutatását követed... Amikor a féltékenység, a félelem vagy a düh hangja szól belőled, jusson eszedbe, hogy ez nem a saját hangod, és parancsold neki, hogy némuljon el. Azonban mindaddig nem leszel képes kiűzni magadból e gonoszt, bármilyen elszántan próbálkozol is, amíg biztos révet kínálsz e negatív érzésnek elmédben. Irtsd ki bensődből a féltékenységet, félelmet és haragot, hogy valahányszor egy gonosz késztetés gyűlölködésre és mások megsértésére ösztönöz, egy erősebb hang a bensődben szeretetre és megbocsátásra buzdítson. *Erre* a hangra figyelj.

❖ ❖ ❖

A féltékenység kisebbrendűségi komplexusból fakad, és gyanakvásban, illetve félelemben nyilvánul meg. Az egyén aggodalmát jelzi, hogy nem képes helytállni másokhoz fűződő kapcsolataiban, legyenek bár házastársi, gyermeki vagy társadalmi jellegűek. Ha úgy érzed, hogy okod van féltékenynek lenni valakire – ha például attól tartasz, hogy szerelmed másvalakit tüntet ki érdeklődésével –, először is azt próbáld tisztázni, hogy neked nincs-e valami hiányosságod. Válj jobb emberré, fejleszd magad. Egyedül úgy őrizhetjük meg a másik ragaszkodását vagy tiszteletét, ha a szeretet törvényét alkalmazzuk, és jobb emberré válva

---

2 Lásd a *májá* kifejezést a szójegyzékben.

Megférni másokkal

kiérdemeljük ezt az elismerést… A beteljesüléshez önmagad szakadatlan tökéletesítésének útján juthatsz el, hogy ne neked kelljen keresned mások társaságát, hanem ők keressék a tiédet.

❖ ❖ ❖

Még miközben önmagad tökéletesítésén munkálkodsz, akkor is tanuld meg megőrizni önállóságodat, valamint bizonyosságodat saját erényeidben és emberi értékeidben. Ha azt akarod, hogy mások higgyenek benned, akkor nem szabad megfeledkezned róla, hogy nem csupán a szavaid fejtenek ki hatást, hanem egész lényed és benső érzésvilágod is – vagyis mindaz, ami a lelkedben rejlik. Mindenkor igyekezz megmaradni angyalnak a bensődben, bárhogyan viselkednek is mások. Légy őszinte, jóságos, szeretetteljes és megértő.

❖ ❖ ❖

Amikor valaki haraggal közelít hozzád, maradj ura önmagadnak. „Nem fogok kijönni a sodromból. Tovább árasztom felé a nyugalmat, amíg irántam tanúsított érzései megváltoznak."

❖ ❖ ❖

Amikor szeretteink egyike… átlépi a tűréshatárt, vonuljunk vissza egy nyugodt helyre, zárjuk magunkra az ajtót, végezzünk némi testgyakorlást, majd a következőképpen csillapítsuk le magunkat:

Üljünk le egy egyszerű támlás székre egyenes gerinccel; lassan lélegezzünk be és ki hússzor. Ezután tízszer vagy többször ismételjük el nyomatékosan gondolatban a következő megerősítést: „Atyám, Te magad vagy a harmónia. Hadd tükrözzem én is isteni összhangodat, és részesítsd e harmóniában a szeretett lényt is, aki hibája terhét hordozza."

Az embernek addig kell ismételgetnie ezt a megerősítést, amíg a rá ereszkedő mélységes béke és nyugodt bizonyosság révén meg nem érzi, hogy Isten meghallgatta, és válaszolt kérésére.

❖ ❖ ❖

– Nem hordoznak-e veszedelmet az érzelmek szabályozásával kapcsolatos tanításaid? – kérdezte egy növendék. – Sok pszichológus állítja, hogy az elfojtás az elme meghasonlásához, sőt, testi betegséghez vezet.

Paramahansza Jógánanda így felelt:

– Az elfojtás, vagyis amikor ott motoszkál az ember fejében a gondolat, hogy kíván valamit, mégsem tesz semmilyen építő lépést a megszerzése érdekében, valóban káros. Az önuralom azonban, vagyis amikor az ember türelmesen helyes gondolatokkal cseréli fel helytelen gondolatait, s hasznos cselekedetekkel váltja fel elítélendő tetteit, nagyon is jótékony hatású.

Akik gonoszságokon törik a fejüket, maguk látják kárát. Ellenben, akik elméjüket bölcsességgel, életüket pedig építő tevékenységekkel töltik meg, alantas szenvedéstől kímélik meg magukat.

❖ ❖ ❖

„A harag mindig a meghiúsult vágyakból fakad – mondta Srí

Megférni másokkal

Juktésvar. – Én semmit sem várok másoktól, úgyhogy cselekedeteik nem állhatnak ellentétben kívánságaimmal."

❖ ❖ ❖

Ha valaki mélyen megbánt, nem tudod kiverni a fejedből. De ahelyett, hogy a sérelemre összpontosítanál, inkább okozójának megannyi jó tulajdonságára kellene gondolnod, és mindarra a jóra, amelyben az életedben részed van. Ne vedd zokon a sértéseket, amelyeket az emberektől kapsz.

❖ ❖ ❖

Összpontosítsd figyelmedet arra, hogy megpillantsd ellenségedben Istent; ha ugyanis így teszel, megszabadulsz a bosszúállás gonosz vágyától, amely tönkreteszi lelki nyugalmad. Márpedig ha a gyűlöletet gyűlölettel tetézed, vagy az utálatot hasonlóval viszonzod, nem csupán ellenséged irántad érzett rosszindulatát erősíted, hanem a saját szervezetedet is megmérgezed gyűlölködéseddel, fizikai és érzelmi tekintetben egyaránt.

❖ ❖ ❖

Csak szeretetet táplálj a szívedben a többiek iránt. Minél inkább képes vagy meglátni másokban a jót, annál könnyebben meg tudod honosítani saját bensődben is. Tartsd fenn magadban a jóság tudatát. Az embereket úgy lehet jobbá tenni, hogy észreveszed bennük a jót. Ne nyaggasd őket. Maradj nyugodt, derűs, és mindenkor tudj parancsolni magadnak. Ekkor rá fogsz jönni, milyen könnyű megférni másokkal.

Ahol A Fény Honol

❖ ❖ ❖

Tisztítsd meg elméd a másokkal kapcsolatos minden kedvezőtlen kritikától. Csupán egyetlen pillantással vagy célzással, szeretetteljesen helyesbítsd a fogékony embert, de ne erőltesd hibája kijavítását, és a továbbiakban ne táplálj bíráló gondolatokat még kimondatlanul sem.

❖ ❖ ❖

A gondolatok sokszor eredményesebbek lehetnek a szavaknál. Az emberi elme a létező leghatékonyabb adókészülék. Ha szüntelen pozitív és szeretetteljes gondolatokat sugárzol ki magadból, azok hatást gyakorolnak másokra. (Hasonlóképpen, ha féltékenységet vagy gyűlöletet sugárzol, mások fogják e gondolatokat, és ennek megfelelően válaszolnak.) Kérd Istent, hogy hatalmával támogassa erőfeszítéseidet. Ha például a férj az, aki eltévelyedik, a feleségnek így kell imádkoznia Istenhez: „Uram, segíts nekem, hogy segíthessek a férjemen. Tartsd meg a szívemet makulátlannak a féltékenység és neheztelés szennyétől. Csak azért imádkozom, hogy férjem eszméljen rá hibájára, és változzon meg. Légy vele, uram; és áldj meg engem, hogy teljesíthessem kötelességemet." Ha elég mélyen eggyé váltál Istennel, akkor tanúja leszel az illetőben végbemenő változásnak.

❖ ❖ ❖

Mi sem könnyebb, mint visszavágni; ám a legnemesebben úgy próbálhatod meg lefegyverezni kínzódat, hogy szeretettel fordulsz felé. Még ha gesztusod nem hozza is meg rögtön a várt eredményt, az illető sosem lesz képes elfeledni, hogy amikor ő lesújtott rád, te szeretettel viszonoztad a csapást. E szeretetnek őszintének kell lennie; ha szívből fakad, a szeretet varázserővel bír. Nem a következményt kell nézned; ne vedd zokon azt se, ha durván elutasítják szeretetedet. Te csak áraszd ki a másik ember felé, és ne foglalkozz többet a dologgal. Ne legyenek elvárásaid; így bizonnyal tanúja leszel a varázslatos eredménynek.

Megbocsátás

Egyes szentírások Istene bosszúszomjas istenség, aki mindig kész büntetni minket. Jézus azonban megmutatta Isten valódi természetét... Ő nem pusztította el ellenségeit „tizenkét sereg angyallal"[3], inkább az isteni szeretet erejével győzedelmeskedett a gonosz felett. Az ő cselekedetei Isten mindenekfelett való szeretetéről tanúskodtak; azok viselkednek így, akik egyek Ővele.

❖ ❖ ❖

„Az embernek meg kell bocsátania, bárminő sérelmet szenvedett is – írja a *Mahábhárata*.[4] – Megmondatott, hogy fajunk fennmaradása az ember megbocsátó természetének köszönhető. A megbocsátás szentség; a világegyetemet a megbocsátás ereje tartja össze. A megbocsátás a hatalmasok hatalma; a megbocsátás

---

[3] „Avagy azt gondolod-é, hogy nem kérhetném most az én Atyámat, hogy adjon ide mellém többet tizenkét sereg angyalnál?" (Mát 26:53)
[4] India nagy, epikus szentírása, amelynek a Bhagavad-gítá is részét képezi.

áldozat; a megbocsátás az elme nyugodalma. A megbocsátás és a szelídség, e két örök erény a magasabb Énje által uralt ember tulajdonságai."

❖ ❖ ❖

"Ekkor hozzámenvén Péter, monda: Uram, hányszor lehet az én atyámfiának ellenem vétkezni, és néki megbocsátanom? még hétszer is? Monda neki Jézus: Nem mondom néked, hogy még hétszer is, hanem még hetvenhétszer is."[5] Átszellemülten imádkoztam, hogy megértsem ezt a meg nem alkuvó tanácsot. "De Uram – tiltakoztam –, hát lehetséges ez?" Amikor az isteni hang végül válaszolt, szerénységet ébresztő világosságot gyújtva bennem: "Hát Én hányszor bocsátok meg mindnyájatoknak nap mint nap, ó, Ember?"

❖ ❖ ❖

A szívedben kell felbuzognia annak a rokonszenvnek, amely enyhével minden fájdalmat elűz mások szívéből; a rokonszenvnek, amelynek köszönhetően Jézus kimondhatta: "Atyám! Bocsásd meg nékik, mert nem tudják, mit cselekesznek."[6] Az Ő áradó szeretete mindenkit felölelt. Képes lett volna egyetlen pillantással elpusztítani ellenségeit, ám ahogyan Isten minduntalan újra megbocsát nekünk, jóllehet ismeri valamennyi bűnös

---

5 Mát 18:21–22
6 Luk 23:34

Megférni másokkal

gondolatunkat, éppúgy a Vele összhangban álló nagy lelkek is ugyanebben az áradó szeretetben részeltetnek bennünket.

❖ ❖ ❖

Ha ki szeretnéd fejleszteni magadban a Krisztus-tudatot[7], tanulj rokonszenvet mások iránt. Amikor a mások iránti őszinte együttérzés belopózik a szívedbe, kezded elsajátítani e nagyszerű tudatállapotot... Az Úr Krisna mondá: „A legkiválóbb jógik változhatatlan kedéllyel tekintenek minden emberre..."[8]

❖ ❖ ❖

Haraggal és gyűlölettel semmire sem jutsz. A szeretet gyümölcsöző. Persze meghunyászkodásra késztetheted a másikat, de amint újra összeszedi magát, megpróbál majd tönkretenni. Akkor hát hogyan mondhatnád, hogy legyőzted az illetőt? Sehogyan sem. Győzelmet egyes-egyedül szeretettel lehet aratni. Amikor pedig nincs mód a győzelemre, akkor jobban teszed, ha egyszerűen csendben maradsz, vagy elmész, és imádkozol az illetőért. Ily módon kell kifejezned szereteteded. Ha követed e gyakorlatot életedben, minden elképzelésedet meghaladó békességben lesz részed.

---

7 Egyetemes tudat; egység Isten mindenütt jelenvalóságával.
8 Bhagavad-gítá VI:9

Ahol A Fény Honol

MEGERŐSÍTÉSEK

Igyekszem mindenkinek kedvében járni jóságos és előzékeny tetteimmel, és szüntelenül törekszem minden félreértés tisztázására, amelyet tudatosan vagy öntudatlanul okoztam.

❖ ❖ ❖

A mai napon megbocsátok mindazoknak, akik valaha megsértettek. Szeretetem kiárasztom minden szomjúhozó szívre, azokéra, akik szeretnek engem, és azokéra is, akik nem.

12. FEJEZET

Feltétlen szeretet: az emberi kapcsolatok tökéletesítése

A világ egészében véve megfeledkezett a *szeretet* szó valódi jelentéséről. E szóval annyiszor visszaéltek már, és annyiszor feszítették keresztre, hogy igen kevesen tudják, mi is az igazi szeretet. Ahogyan az olaj jelen van az olajbogyó minden részében, úgy hatja át a szeretet a teremtés egészét. A szeretet mibenlétét mégis igen nehéz meghatározni, ugyanazon okból kifolyólag, amiért egy narancs íze sem írható le kielégítően szavakkal. Ha meg akarod ismerni ezt az ízt, meg kell kóstolnod a gyümölcsöt. Ez a helyzet a szeretettel is.

❖ ❖ ❖

Egyetemes értelemben a szeretet a vonzás isteni hatalma a teremtésben, amely harmonizál, egyesít és összeköt... Akik a szeretet vonzóerejével összhangban élnek, harmóniába kerülnek a természettel és embertársaikkal, és vonzódnak az üdvös boldogságot hozó újraegyesüléshez Istennel.

❖ ❖ ❖

Ahol A Fény Honol

„A közönséges szeretet önző, sötéten gyökerezik a vágyakban és kielégülésekben – mondta Srí Juktésvar. – Az isteni szeretet feltétlen, korlátlan és változhatatlan. A színtiszta szeretet átható érintése után az emberi szív soha többé nem lesz ingatag."

❖ ❖ ❖

Sokan vannak, akik az egyik nap fennen hangoztatják, hogy: „Szeretlek", másnap pedig már eltaszítanak maguktól. Ez nem szeretet. Akinek a szíve csordultig telve van az isteni szeretettel, képtelen akarattal megbántani bárkit. Ha fenntartások nélkül szereted Istent, Ő megtölti szívedet feltétlen szeretettel mindenki iránt. E szeretetet emberi nyelv le nem írhatja... A hétköznapi ember nem képes ilyen szeretetet érezni mások iránt. Az „én, nekem, enyém" önközpontú tudatának korlátai közt még nem fedezte fel a mindenütt jelenlévő Istent, aki ott lakozik benne és minden más lényben. Az én szememben nem különbözik egyik ember a másiktól; én mindnyájukat az egyetlen Isten lélektükörképeinek tekintem. Senkire sem tudok idegenként gondolni, hiszen tudom, hogy mindnyájan részei vagyunk az Egyetlen Szellemnek. Amikor megtapasztalod a vallás valódi jelentését, ami Isten megismerése, rá fogsz eszmélni, hogy Ő azonos a te Éneddel, s hogy Ő egyenlően és részrehajlás nélkül létezik minden lényben. Ekkor képes leszel másokat is ugyanúgy szeretni, mint saját Énedet.[1]

❖ ❖ ❖

---

[1] „Szeresd az Urat, a te Istenedet teljes szívedből és teljes lelkedből és minden erődből és teljes elmédből; és a te felebarátodat, mint magadat." (Luk 10:27)

Feltétlen szeretet: az emberi kapcsolatok tökéletesítése

Az Isten mennyei szeretetében elmerült ember tudatában nyoma sincs álságosságnak, kaszt- vagy hitvallásbeli szűklátókörűségnek, s egyáltalán semmiféle korlátnak. Ha megtapasztalod ezt az isteni szeretetet, többé semmi különbséget nem fogsz látni a virágszál és a vadállat, egyik emberi lény és a másik között. Eggyé válsz a teljes természettel, és az emberiség egészét egyformán fogod szeretni.

❖ ❖ ❖

A minden lény iránti együttérzés szükséges az istenre ébredéshez, hiszen Istenben Magában is túlárad e tulajdonság. A gyengéd szívűek képesek rá, hogy mások helyébe képzeljék magukat, érezzék szenvedésüket, és megpróbáljanak enyhíteni rajta.[2]

A női és férfitulajdonságok kiegyensúlyozása

Úgy tűnik, férfi és nő között mindig is vetélkedés folyt. Holott egyenlők; egyik sem magasabb rendű a másiknál. Légy büszke arra a nemre, amelybe ebben az életben születtél.

❖ ❖ ❖

„Álmodban nem tudod, vajon férfi vagy-e, vagy nő – mondta Srí Juktésvar. – Ahogyan egy nőt alakító férfi sem válik igazi nővé, éppúgy a férfit és a nőt egyaránt megszemélyesítő lélek is változatlan marad. A lélek Isten változhatatlan, tökéletes képmása."

---
2 Az Úr Krisna tanítása szerint: „Az a legkülönb jógi, aki bánatban-örömben éppúgy együtt érez másokkal, mint magamagával." (Bhagavad-gítá VI:32)

❖ ❖ ❖

Ne azonosulj még férfi- vagy női léted korlátozó tudatával sem: Te lélek vagy, amely Isten képére teremtetett… A legbölcsebb eljárás mindig szem előtt tartani a következőt: „Sem férfi nem vagyok, sem nő; én Szellem vagyok." Ezáltal megszabadulsz mindkét irány korlátozó tudatától; ráeszmélsz a benned rejlő legmagasabb, isteni lehetőségekre, akár férfiként, akár nőként öltöttél testet.

❖ ❖ ❖

Isten egyszerre végtelen bölcsesség és határtalan érzés. Amikor kinyilvánította Magát a teremtésben, bölcsességét az apában, érzéseit pedig az anyában öntötte formába… Minden apában és anyában ott rejlik Isten atyai bölcsességének és anyai gyengédségének ajándéka egyaránt… Az isteni ember mind az atyai, mind az anyai tulajdonságokat kifejleszti magában.

❖ ❖ ❖

A férfi azzal érvel, hogy a nő érzelmi lény, és képtelen ésszerűen gondolkodni; a nő pedig arról panaszkodik, hogy a féri érzéketlen. Mindketten tévednek. A nők igenis tudnak józanul gondolkodni, csak épp az érzések állnak természetük előterében; a férfiak pedig képesek az érzékenységre, ám az ésszerűség az uralkodó vonásuk.

❖ ❖ ❖

Feltétlen szeretet: az emberi kapcsolatok tökéletesítése

Isten azért teremtette ezeket az élettani és mentális eltéréseket, hogy bizonyos különbséget tegyen férfi és nő között. A kettőjük közötti eszményi spirituális egyesülés célja felszínre hozni a rejtett érzést a férfiban, és kifejleszteni a rejtett ésszerűséget a nőben. Férfi és nő arra rendeltettek, hogy segítsék egymást a tökéletes gondolkodás és érzés színtiszta isteni tulajdonságainak kifejlesztésében.

❖ ❖ ❖

Mindkét nemnek az egyensúlyi állapot felé kell törekednie azzal, hogy tanulnak egymástól a barátság és megértés révén.

❖ ❖ ❖

Ha férfi és nő nem érti meg egymás természetét, tudatlanságukban csak gyötrik a másikat… Mindkettőjüknek az ésszerűség és az érzés benső egyensúlyára kell törekednie, hiszen így válhatnak „egész" személyiséggé, tökéletes emberi lénnyé.

❖ ❖ ❖

Az Istennel való eggyé válás által létrehozod e két tulajdonság összhangját vagy egyensúlyát bensődben.

❖ ❖ ❖

A nagy szentekben az eszményi férfi- és női sajátosságok elegyedését figyelhetjük meg. Ilyen volt Jézus; és ilyen volt valamennyi mester. Amikor eléred e tökéletes ésszerűség-érzés egyensúlyt, megtanulod az egyik legfontosabb leckét, amely miatt e világra küldtek.

❖ ❖ ❖

Az emberiségnek rá kell eszmélnie, hogy a lélek alapvetően szellemi természetű. Ha férfi és nő pusztán a kéjvágy kielégítésének eszközeként tekint egymásra, maguk sietnek tönkretenni boldogságukat. Lelki békéjük lassan és apránként szerte fog foszlani.

❖ ❖ ❖

A férfinak arra kell törekednie, hogy meglássa a nőben Istent, és segítsen neki ráeszmélni szellemi természetére. Éreztetnie kell a nővel, hogy nem pusztán érzéki vágyának kielégítése végett vette maga mellé, hanem olyan társként, akit tisztel, és akit az Isteni megnyilvánulásának tekint. És a nőnek is ugyanígy kell néznie a férfira.

❖ ❖ ❖

Ha férfi és nő őszintén és tisztán szeretik egymást, akkor teljes testi, szellemi és lelki harmónia uralkodik közöttük. Amikor szerelmük a legmagasabb formájában nyer kifejezést, az eredmény a tökéletes egység.

Házasság

Ha két ember azért egyesíti az életét, hogy segítsék egymást

Feltétlen szeretet: az emberi kapcsolatok tökéletesítése

az isteni feleszmélés felé vezető úton, akkor a megfelelő alapra építik házasságukat: a feltétel nélküli barátságra.

❖ ❖ ❖

A színtiszta és feltétlen szeretet kialakítása – férj és feleség, gyermek és szülő, barát és barát, az én és a mindenség között – az a lecke, amelynek elsajátítása végett e világra jöttünk.

❖ ❖ ❖

Az igazi házasság olyan laboratórium, amelyben az emberek beleönthetik az önzés, a rossz természet és a helytelen viselkedés mérgét a türelem kémcsövébe, semlegesíthetik és megváltoztathatják a szeretet és a nemes magatartásra irányuló, szüntelen törekvés katalizáló erejével.

❖ ❖ ❖

Ha a párodnak van olyan szokása vagy tulajdonsága, amelyik előcsalogatja alkatod rút vonásait, akkor fel kell ismerned e folyamat rendeltetését: felszínre hozni a bensődben munkáló mérgeket, hogy eltávolítva őket magadból megtisztíthasd természetedet.

❖ ❖ ❖

A spiritualitás a legnagyobb dolog, amit egy férj vagy feleség a házastársának kívánhat; ugyanis a lélek kibontakozása felszínre hozza a megértés, a türelem, a figyelmesség és a szeretet isteni tulajdonságait. Azonban mindkettőjüknek szem előtt kell tartaniuk, hogy a spirituális fejlődés vágyát nem lehet ráerőszakolni a másikra. Te magad éld a szeretet élményét, s szívjóságod ösztönzőleg fog hatni szeretteidre.

❖ ❖ ❖

Ha a házaspárok nem tarják szem előtt a házasság valódi, magasrendű célját, sosem élhetnek igaz boldogságban egymás oldalán. A túlfűtött nemiség, a túlzott bizalmaskodás, az udvariasság hiánya, a gyanakvás, a szóbeli vagy tettleges bántalmazás, a veszekedés a gyerekek vagy vendégek előtt, a házsártosság, a gondok vagy indulatok rázúdítása a hitvestársra egy eszményi házasságban nem megengedhető.

❖ ❖ ❖

A boldog házasság *első* és leglényegesebb követelménye a lelki egység – a spirituális eszmények és célkitűzések hasonlósága, a gyakorlati hajlandóság e célok megvalósítására tanulás, erőfeszítés és önfegyelem révén. A lelki egységben lévő párok házassága még abban az esetben is sikeres lehet, ha semmilyen más kívánatos alappal nem rendelkeznek.

A boldog házasság *második* követelménye az érdeklődés – intellektuális, társadalmi, környezeti és így tovább – hasonlósága.

A *harmadik*, fontosságban utolsó helyen álló követelmény (amelyet a felvilágosulatlan emberek rendszerint mégis első helyre sorolnak) a testi vonzódás. E kötelék egyhamar meggyengül, ha az első – vagy az első és a második – követelmény nem teljesül.

❖ ❖ ❖

Feltétlen szeretet: az emberi kapcsolatok tökéletesítése

A házasodni vágyóknak először is meg kell tanulniuk uralkodni az érzelmeiken.³ Ha két embert e képesség nélkül eresztenek össze a házasság küzdőterére, ádázabbul viaskodnak egymással, mint egy világháború szembenálló felei. A háborúk legalább egy idő után véget érnek; egynémely házasfél azonban egy életen át folytatja a csatározást. Azt hinné az ember, hogy egy civilizált társadalomban az embereknek tudniuk kellene, hogyan férhetnek meg egymással, ám kevesen sajátították el ezt a művészetet. A házasságot magasrendű eszményekkel és az isteni sugallatok borával kell táplálni; ekkor boldog és kölcsönösen jótékony egyesüléssé válik.

❖ ❖ ❖

Ha azok a férjek és feleségek, akik hozzászoktak, hogy céltáblának használják, s gyűlölködő szavak és udvariatlanságok lövedékeivel árasszák el egymást, megpróbálnák inkább a kedves szavak lelki enyhülést hozó balzsamát kenegetni a másik sebeire, akkor új keletű boldogságot teremthetnének családi életükben.

❖ ❖ ❖

A nemiségnek megvan a maga helye a férfi és nő közötti házastársi kapcsolatban. Ha azonban ez a kapcsolat legfőbb tényezőjévé válik, akkor a szerelem tovaröppen, és nyom nélkül eltűnik, helyébe a birtoklási vágy, a túlzott bizalmaskodás lép, a házastársak közötti megértő, baráti viszony megromlik, és végül teljesen megszakad. Jóllehet a nemi vonzerő az egyik feltétele a

---
3 Lásd még a 159. és az utána következő oldalakat.

szerelem megszületésének, a nemiség önmagában nem azonos a szerelemmel. Nemiség és szerelem oly távol állnak egymástól, mint a hold és a nap. A nemiség csak akkor válhat a szerelem kifejezésének eszközévé, ha az igaz szerelem megnemesítő tulajdonsága érvényesül elsősorban a kapcsolatban. Akiknek az élete túlnyomórészt a nemiség síkján mozog, azok utat tévesztenek, és képtelenek kielégítő házastársi kapcsolatot kialakítani. Férj és feleség egyedül az önuralom révén ismerheti meg az igaz szerelmet, amelynek megléte esetén a nemi vágy nem az uralkodó érzelem, csupán a szerelem járuléka. Sajnálatos módon azonban modern világunkban a szerelmet nagyon is gyakran tönkreteszi a nemiség élményére helyezett túlságos hangsúly.

❖ ❖ ❖

Akik természetes – nem kényszerű – mérsékletet gyakorolnak nemi életükben, azok a férj-feleség kapcsolat más, maradandó értékeit is ki tudják alakítani: a barátságot, a bajtársiasságot, a megértést, a kölcsönös szeretetet. Példának okáért Madame Amelita Galli-Curci[4] és férje, Homer Samuels a legtökéletesebb szerelmesek, akikkel Nyugaton találkoztam. Az ő szerelmük azért gyönyörűséges, mert az általam említett eszményeket valósítják meg a gyakorlatban. Bármilyen rövid időre kell is elválniuk, már alig várják, hogy újra láthassák a másikat, hogy egymás társaságában legyenek, hogy megosszák gondolataikat és szeretetüket.

---

[4] Világhírű operaénekesnő (1889–1963), aki Paramahansza Jógánanda Egyesült Államokban töltött első éveiben ismerkedett meg a Mesterrel. Ő és férje, a Self-Realization Fellowship odaadó tagjaivá váltak. Madame Galli-Curci írta Paramahansza Jógánanda *Whispers from Eternity* című könyvének előszavát.

Feltétlen szeretet: az emberi kapcsolatok tökéletesítése

❖ ❖ ❖

Minden embernek szüksége van az egyedüllét vagy magány időszakaira, hogy képes legyen megbirkózni az élet egyre növekvő nyomásával... Ne csorbítsátok egymás függetlenségét.

❖ ❖ ❖

Amikor a férj kiszolgálja a feleséget, és viszont, s mindkettőjüket az a vágy hajtja, hogy boldognak lássák a másikat, akkor a Krisztus-tudat – Isten szeretetteljes Kozmikus Intelligenciája, amely a teremtés minden atomját áthatja – már el is kezdett megnyilvánulni a tudatukon keresztül.

❖ ❖ ❖

Amikor két ember fenntartás nélkül vonzódik egymáshoz, és mindkettő kész feláldozni magát a másikért, akkor a szerelmük szívből fakad.

❖ ❖ ❖

Ha az ember szívén viseli a szeretett személy tökéletesedését, és színtiszta öröm tölti el, ha csak rágondol ama lélekre, akkor isteni szeretetet táplál iránta, amely az igaz barátság alapja.

❖ ❖ ❖

Meditáljatok együtt minden reggel, és különösen esténként... Emeljetek egy kis családi oltárt, amelynél összegyűlik férj, feleség s a gyermekek, hogy felajánlják Istennek mélységes áhítatukat, és örökre egyesítsék lelküket a mindenkor örömteli Kozmikus Tudatban...[5] Minél többet meditáltok együtt, annál jobban elmélyül egymás iránti szeretetetek.

Barátság

A barátság Isten tettre hívó kürtjele, amely elrendeli, hogy a lélek kitörjön az ego-tudat által rákényszerített skatulyákból, amelyek az összes többi lélektől és Őtőle egyaránt elválasztják.

❖ ❖ ❖

A barátság Isten szeretetének legtisztább formája, mivel a szív szabad választásából születik, és nem a családi ösztön erőlteti ránk. Az eszményi barátok sosem válnak el, semmi sem szakíthatja meg testvéri kapcsolatukat.

❖ ❖ ❖

A barátság kincse a legértékesebb vagyontárgyad, ugyanis evilági életeden túlra is elkísér. Az Atya honában valamennyi igaz barátoddal újra találkozni fogsz, hiszen a valódi szeretet sosem vész el.

❖ ❖ ❖

Ha tökéletes barátság szálai fűzik egymáshoz két ember szívét

---

5 Lásd a szójegyzéket.

Feltétlen szeretet: az emberi kapcsolatok tökéletesítése

vagy az emberszívek egy csoportját egy spirituális kapcsolatban, az ilyen barátság valamennyi érintettet tökéletesíti.

❖ ❖ ❖

A szívedben egy mágnes rejlik, amely igaz barátokat vonz hozzád. Ez a mágnes az önzetlenség, mások előtérbe helyezése. Igen kevesen mentesek az önközpontúságtól, az ember mégis egész könnyedén kifejlesztheti magában az önzetlenség tulajdonságát, ha gyakorolja a másokat előtérbe helyező gondolkodást.

❖ ❖ ❖

Nem vonzhatsz igaz barátokat anélkül, hogy meg ne tisztítanád jellemed az önzés és egyéb csúf tulajdonságok szennyétől. Az igaz barátságok kötésének nemes művészete abban áll, hogy te magad kimutasd viselkedésedben isteni természeted – hogy spirituális, tiszta és önzetlen légy... Minél inkább levetkőzöd emberi fogyatékosságaidat, és kinyilvánítod az isteni tulajdonságokat életedben, annál több barátra teszel szert.

❖ ❖ ❖

Az igaz barátság lényege, hogy a barátok kölcsönösen segítik egymást: gyötrelmekben buzdítással, bánatban együttérzéssel, bajban jó tanáccsal, a valódi ínség idején pedig anyagi támasszal... Aki megajándékozta a másikat barátságával, örömest lemond az önérdek önző gyönyöreiről barátja boldogságának kedvéért, anélkül hogy ezt veszteségnek vagy áldozatnak érezné, s azt számítgatná, hogy mibe kerül neki.

❖ ❖ ❖

Bármilyen nézeteltérések álljanak is fenn közted és igaz barátaid között, a megértés és a kommunikáció állandó. Az ilyen kapcsolatban a nézetek különbözőségétől függetlenül kölcsönösen tisztelitek egymást, és barátságotokat minden más szempontot félretéve ápoljátok. Az Istenben kötött, igaz barátság az egyetlen maradandó kapcsolat.

❖ ❖ ❖

Ha felkínálod barátságodat, szándékodnak komolynak kell lennie. Nem szabad jóindulatot és együttműködési készséget mutatnod kifelé, ha bensődben az ellenkezőjét érzed. A spirituális törvény áthághatatlan. Ne szegülj a spirituális elvek ellen. Soha ne légy álnok vagy hűtlen. Barátként tudd, mikor törődj a saját dolgoddal; légy tisztában a helyeddel; ismerd fel, mikor kell segédkezet nyújtanod, és mikor kell szilárd akarattal megtagadnod az együttműködést.

❖ ❖ ❖

Helytelen kimondani az igazságot, ha így cselekedvén az ember feleslegesen és céltalanul elárul másokat. Tegyük fel, hogy valaki iszákos, de igyekszik eltitkolni szenvedélyét a világ elől. Te tudsz gyengeségéről, és így az igazmondás nevében kikürtölöd barátaidnak: „Tudjátok, hogy ez és ez iszik, ugye?" Az efféle megjegyzés kéretlen; az embernek nem szabad beleütnie az orrát más dolgába. Őrizd meg mások személyes gyengeségeinek titkát mindaddig, amíg senkinek sem ártanak velük. Bizalmasan beszélgess el

Feltétlen szeretet: az emberi kapcsolatok tökéletesítése

a vétkessel gyarlóságáról, ha alkalmad nyílik megsegítésére, vagy felelősséggel tartozol érte; de soha ne szólj róla szántszándékkal bántó szavakat segítségnyújtás ürügyén. Így „segítségeddel" csak ellenségeddé teszed az illetőt, s könnyen megeshet, hogy kioltod benne a megjavulás vágyát.

❖ ❖ ❖

Segítsd barátodat azáltal, hogy a szellemi, esztétikai és spirituális ösztönzés forrása vagy számára. Soha ne beszélj vele gúnyolódón. Ne hízelegj neki, hacsak nem buzdításul teszed. És ne helyeselj, amikor nincs igaza.

❖ ❖ ❖

Légy őszinte és igaz, s a barátság mind erősebb gyökeret ereszt. Emlékszem egy beszélgetésünkre Srí Juktésvarral az őszinteségről.

– Az őszinteség minden – jelentettem ki.

– Nem egészen – felelte ő. – Az őszinteség csak akkor minden, ha előzékenységgel párosul.

Majd így folytatta:

– Tegyük fel, hogy otthon üldögélsz a nappaliban, ahol gyönyörű, új szőnyeg borítja a padlót. Odakinn esik az eső. Ekkor egy hosszú évek óta nem látott barátod vágja ki az ajtót, és viharzik be a szobába, hogy üdvözöljön.

– Ez teljesen rendjén van – mondtam.

Azonban Gurum még csak most tért rá a lényegre.

– A viszontlátás őszinte örömmel tölt el mindkettőtöket

Ahol A Fény Honol

– mondta –, de te vajon nem vetted volna jobb néven, ha a barátod elég előzékeny ahhoz, hogy levegye a sáros csizmáját, mielőtt beront, és tönkreteszi a szőnyeget?

Kénytelen voltam elismerni, hogy Gurumnak igaza van. Bármilyen jó szívvel gondolsz is valakire, s bármilyen erős szálak fűznek is az illetőhöz, fontos, hogy a kapcsolatotokat jó modor és előzékenység tegye még kellemesebbé. Ekkor barátságotok valóban csodálatos és maradandó lesz. Az a fajta bizalmasság, amely miatt tapintatlanságra ragadtatod magad, igencsak árt a barátságnak.

❖ ❖ ❖

Ahogyan a harmat segíti a virág növekedését, úgy a belső és külső kedvesség előmozdítja a barátság megerősödését.

❖ ❖ ❖

A barátság gyümölcsöző, szent és nemes –
midőn két lélek külön ütemre, mégis
együtt menetel; viták közepette is egyetértésben,
ragyogón sokszínű fejlődésben...
Ó, barátság – virágzó, mennyben fogant plánta!
Gyökeret vertél a határtalan szeretet termékeny talajába,
Miközben ketten vállvetve törnek előre,
A lélekfejlődés útját egymásnak egyengetve.[6]

---

[6] Részlet Paramahansza Jógánanda *Songs of the Soul* című kötetének „Barátság" című verséből.

Feltétlen szeretet: az emberi kapcsolatok tökéletesítése

❖ ❖ ❖

Ha igaz és fenntartások nélküli barátságot kívánsz táplálni, szeretetednek Istenben kell gyökereznie. Istenes életed az ösztönző erő, amelyből az embertársaidra sugárzó, igaz, mennyei barátságod fakad.

❖ ❖ ❖

Próbáld meg tökéletesíteni néhány lélekhez fűződő barátságodat. Amikor őket immár képes vagy igaz és feltétlen barátsággal megajándékozni, akkor szíved készen áll, hogy mindenkire tökéletes barátságot árasszon. És amidőn erre is képes vagy, isteni lénnyé válsz – amilyen maga Isten és azok a nagy mesterek, akik személyiségre való tekintet nélkül minden emberi lényt megajándékoznak barátságukkal. Az olyan barátság, amelyik egy vagy két emberre irányul a többiek kizárásával, homokpusztaságba fúló folyóra hasonlít, amely sosem éri el az óceánt. Az isteni barátság folyója ellenben mind szélesebbé válik, ahogy bővizűen és szívből áradón tovahömpölyög, hogy végül beletorkolljon Isten jelenlétének óceánjába.

MEGERŐSÍTÉS

Miközben szeretetet és jóakaratot sugárzok másokra, megnyitom a csatornát, amelyen Isten szeretete beáradhat lényembe. Az isteni szeretet a mágnes, amellyel minden jót magamhoz vonzok.

13. FEJEZET

A halál megértése

Noha a köznapi ember iszonyodva és szomorúan tekint a halálra, a már eltávozottak a békesség és a szabadság csodálatos élményeként ismerik.

❖ ❖ ❖

A legtöbbet talán szeretteinken tűnődünk. Hol lehetnek? Hová tűnhettek ilyen titokzatosan? Alig jutott idő egy röpke búcsúra, s máris elrejtette őket előlünk a halál fátyla. Oly tehetetlennek és bánatosnak érezzük magunkat; és az égvilágon semmit sem tehetünk... Amikor valaki haldoklik, még ha nem is tud beszélni, egy vágy fogalmazódik meg tudatában. Azt gondolja magában: „Elhagyni készülök szeretteimet; vajon viszontlátom-e még őket valaha?" És akiket a haldokló hátrahagy, szintúgy ezen töprengenek: „Hamarosan elveszítem őt. Vajon fog emlékezni rám? Találkozunk még valaha?"... Amikor ebben az életemben elveszítettem édesanyámat, megfogadtam magamban, hogy soha többé nem fogok kötődni senkihez.[1] Istennek ajándékoztam min-

---

1 Paramahansza Jógánanda még csak tizenegy esztendős volt, amikor az édesanyja meghalt. Jógánanda ifjonti spirituális eltökéltségével magát a mennyek kapuját ostromolta mindaddig, amíg választ nem kapott Istentől, s rá nem eszmélt, hogy szeretteink alakjában Isten szeretete jut kifejezésre. Istent szeretni annyi, mint

A halál megértése

den szeretetemet. Ez az első találkozásom a halállal igen súlyosan érintett, mégis sokat tanultam e tapasztalatból. Hónapokon és éveken át tántoríthatatlanul kutattam, amíg rá nem leltem élet és halál misztériumának nyitjára... Megtapasztaltam mindazt, amit elmondok neked.

❖ ❖ ❖

Amikor meghalsz, feleded a fizikai test minden korlátját, és ráeszmélsz, mennyire szabad vagy. Az első néhány pillanatban félelemérzet tölt el – félelem az ismeretlentől, a tudat számára idegen állapottól. Ám ezután rád köszönt a nagy feleszmélés: a lelket a megkönnyebbülés és szabadság örömteli érzése járja át, s rájössz, hogy halandó testedtől különváltan létezel.

❖ ❖ ❖

Egy nap mindnyájan meghalunk, semmi értelme tehát félni a haláltól. Az a kilátás nem csüggeszt el, hogy álmodban elveszíted tested tudatát; az alvást elfogadod a szabadság várva várt állapotaként. Ugyanilyen a halál is: a pihenés állapota, nyugalomba vonulás ebből az életből. Nincs benne semmi félelmetes. Amikor eljő a halál, kacagj rajta. Hiszen a halál mint megtapasztalás csupán egy fontos leckét hivatott megtanítani neked: hogy nem halhatsz meg.

---

minden emberi lényt szeretni kivételezés és a kötődéssel elkerülhetetlenül együtt járó fájdalom nélkül. (*A kiadó megjegyzése*)

Ahol A Fény Honol

❖ ❖ ❖

Valódi énünk, a lélek halhatatlan. Meglehet, hogy alszunk egy keveset, amíg e halálnak nevezett, átmeneti állapoton keresztülmegyünk, ám el sosem pusztulhatunk. Létezünk, és e létezés örökkévaló. A hullám a partra fut, majd visszahúzódik a tengerbe; sosem veszik el. Eggyé válik az óceánnal, vagy újra visszatér egy másik hullám alakjában.[2] Testünk a világra született, és majdan elenyész, ám belső léleklényege sosem szűnik meg létezni. Eme örökkévaló tudatnak semmi sem vethet véget.

❖ ❖ ❖

Még egy anyagrészecske vagy egy energiahullám is elpusztíthatatlan, amint a természettudomány bebizonyította; hogyne volna hát elpusztíthatatlan az ember lelke vagy spirituális lényege. Az anyag változáson megy keresztül; éppígy a lélek tapasztalatvilága is megváltozik. A radikális változást halálnak nevezzük, ám a halál, vagyis a forma módosulása nem változtatja meg vagy pusztítja el a spirituális lényeget.

❖ ❖ ❖

A test csupán egy magadra öltött gúnya. Hányszor váltottál már öltözéket ebben az életben, mégsem mondanád emiatt, hogy *te magad* megváltoztál. Hasonlóképpen, amikor a halálodkor

---

2 Hivatkozás a lélekvándorlásra. *Lásd* a szójegyzéket.

A halál megértése

levetkőződ magadról e testi gúnyádat, te magad mit sem változol. Ugyanaz maradsz: halhatatlan lélek, Isten gyermeke.

❖ ❖ ❖

A „halál" szó igencsak téves megnevezés, hiszen halál nem létezik; amikor belefáradsz az életbe, egyszerűen leveted magadról e hús-vér felöltőt, és visszatérsz az asztrális világba.[3]

❖ ❖ ❖

A Bhagavad-gítá[4] gyönyörűen és vigasztalón beszél a lélek halhatatlanságáról:
(A szellem sohasem született; és soha el nem enyész;
Öröktől létezik; puszta álom Vég s a Kezdet!
Nem fogant, nem vész el és változatlan marad örökké;
S bár hajléka holtnak tűnik, a halál hozzá nem érhet!)

❖ ❖ ❖

A halál korántsem a vég: csupán átmeneti felszabadulás, amely akkor adatik meg neked, amikor az igazság törvénye, a karma megállapítja, hogy jelenlegi tested és környezeted már eleget tett rendeltetésének, vagy amikor túlságosan elnyűtt és kimerített a szenvedés, semhogy továbbra is el bírnád viselni a fizikai létezés

---

3 Mennyország, a magasabb erők és tudat kifinomult birodalma. Lásd az *asztrális világ* kifejezést a szójegyzékben.
4 II:20, Sir Edwin Arnold fordítása alapján.

terhét. A szenvedők számára a halál feltámadás a hús gyötrelmes kínszenvedései közül a felébredett békesség és nyugalom állapotába. Az idősek számára pedig nyugalomba vonulás, amelyre hosszú életük átküzdött éveivel szolgáltak rá. És mindenki számára szívesen fogadott pihenés.

❖ ❖ ❖

Ha eltöprengsz rajta, hogy e világ telis-tele van halállal, s hogy tulajdon testedtől is meg kell válnod, Isten terve igen kegyetlennek tűnik. El sem tudod képzelni, hogy Ő kegyelemmel teljes. Amikor azonban a bölcsesség szemével tekintesz a halál folyamatára, belátod, hogy végső soron pusztán a következőről van szó: Isten egy gondolata keresztülmegy a változás rémálmán, majd újra megleli üdvös boldogságot hozó szabadságát Őbenne. Szent és bűnös egyaránt szabadulást nyer halálakor, érdeme szerint kisebb vagy nagyobb mértékben. Az Úr álom-asztrálvilágában – a birodalomban, ahová a lelkek halálukkor kerülnek – olyan szabadság jut osztályrészül mindenkinek, amilyet e földi életében sohasem ismert. Ne sajnáld tehát azt, aki a halál káprázatán megy keresztül, hiszen ő kisvártatva szabad lesz. Mihelyt kiemelkedik e káprázatból, meg fogja látni, hogy a halál voltaképpen nem is volt olyan szörnyű. Ráeszmél, hogy halandósága csupán álom volt, és örvendezni kezd, hogy immár tűz meg nem perzselheti, víz meg nem fojthatja; ő immár szabad, és biztos révbe ért.[5]

---

[5] „Semmiféle fegyver nem járhatja át a lelket; tűz nem perzselheti; víz be nem nedvesítheti; és szél ki nem szikkaszthatja... A lélek állandó, mindent-átható, mindenkor nyugodt és mozdulatlan – örökké ugyanaz. Úgy mondják, a lélek

A halál megértése

❖ ❖ ❖

A haldokló tudata egyszerre azon veszi észre magát, hogy megkönnyebbül a test súlyától, a lélegzés szükségétől és mindennemű testi fájdalomtól. A lélek úgy érzi, hogy egészen békés, halovány és ködös fény alagútján szárnyal keresztül, majd a feledést hozó álom állapotába sodródik, amely milliószorta mélyebb és kellemesebb, mint a fizikai testben átélt legmélyebb alvás... A halál utáni állapotot az emberek földi életmódjuk függvényében más- és másféleképpen tapasztalják meg. Ahogyan az egyes emberek különböznek egymástól álmuk időtartamát és mélységét illetően, éppolyan eltérőek a halál utáni élményeik is. A jó ember, aki keményen dolgozik az élet üzemében, mély, öntudatlan és pihentető álomba hull egy rövid időre. Azután az asztrálvilágban ocsúdik fel az élet valamely birodalmában: „Az én Atyámnak házában sok lakóhely van."[6]

❖ ❖ ❖

– Sosem tudtam hinni a mennyországban – jegyezte meg egy új növendék. – Valóban létezik ilyen hely?

– Persze – felelte Paramahansza Jógánanda. – Akik szeretik Istent, és belé helyezik bizalmukat, oda kerülnek a haláluk után. Azon az asztrális síkon az embernek hatalmában áll bármit azon nyomban anyagi valósággá változtatni a puszta gondolatai által.

---

lemérhetetlen, kézzelfoghatatlan és változhatatlan. Ennek tudatában tehát nincs miért siránkoznod!" (Bhagavad-gítá II:23–25)

6 Ján 14:2

Ahol A Fény Honol

Az asztráltest csillámló fényből áll. E birodalmakban olyan színek és hangok léteznek, amelyekről itt, a földön mit sem tudunk. Gyönyörű és kellemes világ ez.

❖ ❖ ❖

A halál nem a dolgok vége, csupán átmenet a változó anyag durva tartományának fizikai tapasztalataiból a sokszínű fények asztrálbirodalmának tisztább örömeihez.

❖ ❖ ❖

„Az asztrálvilág végtelenül gyönyörű, világos, tiszta és rendezett – mondta Srí Juktésvar. – Nincsenek benne holt bolygók vagy sivár vidékek. Földünk nyűgjei – a gyomok, baktériumok, rovarok, kígyók – ismeretlenek. A föld sokféle éghajlatától és változó évszakaitól eltérően az asztálbolygókon az örök tavasz egyenletes hőmérsékleti viszonyai uralkodnak, alkalomadtán ragyogó fehér havazással és a sokszínű fények esőivel. Az asztrálbolygók bővelkednek opálos tavakban, csillámló tengerekben és szivárványfolyókban."

❖ ❖ ❖

A lelkek az asztrális birodalomban fényfátyolöltözéket viselnek. Nem zárják magukat hústakaróval borított csonthalmok börtönébe. Nem cipelnek esendő, nehézkes porhüvelyt, amely minduntalan összeütközik más durva, szilárd testekkel, és szétzúzódik. Következésképpen az asztráltájakon az ember teste nem áll hadban a többi szilárd tárggyal, az óceánok vizével, a villámlással

A halál megértése

vagy éppen a betegségekkel. Nincsenek balesetek sem, hiszen minden létező megfér egymás mellett, szembenállás helyett a kölcsönös segítségnyújtás szellemétől áthatva. Valamennyi rezgésforma összhangban áll. A különféle erők békességben és tudatos együttműködésben munkálnak. A lelkek, a sugarak, amelyeken járnak, és a narancsszín pászmák, amelyek ételükül-italukul szolgálnak, mind-mind eleven fényből állnak. A lelkek kölcsönösen ismerik és segítik egymást, s nem oxigént szívnak magukba, hanem a Szellem örömét.

❖ ❖ ❖

„Akik más életeikben barátok voltak, könnyűszerrel ráismernek egymásra az asztrális világban – mondta Srí Juktésvar. – A barátság halhatatlanságán örvendezve ráeszmélnek a szeretet elpusztíthatatlanságára, amiben gyakran kételkedtek a földi élet szomorú, csalóka elválásai idején."

❖ ❖ ❖

Miért sírunk, amikor szeretteink meghalnak? Azért, mert a saját veszteségünk miatt bánkódunk. Ha azért hagynak el bennünket, hogy az élet magasabb iskoláiban tanuljanak tovább, inkább örvendeznünk kellene ahelyett, hogy önző módon búslakodunk, hiszen önös akaratunk kisugárzásával e földhöz köthetjük őket, és megakadályozhatjuk továbbhaladásukat. Az Úr szüntelenül megújul, és roppant varázspálcájával, a Megújító Halállal minden egyes teremtett tárgyat, minden élőlényt az örök megtestesülés, az örök újjáalakulás állapotában tart, hogy még

Ahol A Fény Honol

alkalmasabb hordozóul szolgáljanak az Ő kiapadhatatlan megnyilvánulási formái számára. A kötelességtudó emberek számára a halál előléptetés egy magasabb rendű állapotba; a bukottaknak pedig új esélyt biztosít egy másmilyen környezetben.

❖ ❖ ❖

A halál az élet betetőzése. A halálban az élet nyugalmat keres. A halál a legnagyobb boldogság, a test minden gyötrelmétől való maradéktalan megszabadulás előhírnöke. Automatikusan eloszlat minden testi fájdalmat, ahogyan az álom elűzi a munkában elcsigázott test fáradtságát és kínjait. A halál a feltételes szabadon bocsátás a fizikai test börtönéből.

❖ ❖ ❖

A tudatlan ember csak a halál áthághatatlan falát látja, amely látszólag örökre elrejti előle hőn szeretett barátait. A kötődéstől mentes ember azonban – aki másokat az Úr megnyilvánulásaiként szeret – megérti, hogy haláluk a szívének kedves személyek csupán visszatérnek egy szusszanásnyi örömért Őhozzá.

❖ ❖ ❖

Mily dicsőséges a halál utáni élet! Nem kell többé magaddal hurcolnod tested kivénhedt csontketrecét minden nyűgével egyetemben. Szabad leszel az asztrálmennyországban, nem akadályoznak többé testi korlátok.

❖ ❖ ❖

A halál megértése

Egyszer papírra vetettem látomásomat egy haldokló ifjúról, amelyben Isten megmutatta nekem a halálhoz való helyes hozzáállást. Az ifjú ágyban feküdt, és az orvosai közölték vele, hogy már csak egyetlen napja maradt az életből. Ő így felelt: „Még egy nap, és eljutok Őhozzá, ki szívemnek kedves! Akkor a halál megnyitja előttem a halhatatlanság kapuit, és megszabadulok a fájdalom börtönrácsai közül. Ne sírjatok énértem, ti, kik hátramaradtok e kietlen parton a gyászra és bánkódásra; inkább én szánlak benneteket. Komor könnyeket ontotok énértem, veszteségeteket siratván bennem; én azonban örömkönnyeket hullatok értetek, hiszen előttetek megyek végig az úton, s könnyebbségetekért a bölcsesség gyertyáival világítom ki egész hosszában. És ott várok majd rátok üdvözlő szóval új honomban az Egyetlenemmel, ki szívemnek s a tiéteknek kedves. Ó, drágáim, ujjongjatok az én örömöm felett!"[7]

❖ ❖ ❖

Nem tudhatod, mi fog még érni e világban; tovább kell élned és aggódnod. A haldoklók szánnak bennünket, és megáldanak minket. Miért gyászolnád hát őket? Elmeséltem ezt [a történetet a haldokló ifjúról] egy asszonynak, aki elveszítette a fiát. Amikor megvilágítottam előtte a helyzetet, az asszony nyomban felszárította könnyeit, és így szólt: „Eddig sohasem éreztem

---

7 Paramahansza Jógánanda itt „A haldokló ifjú isteni válasza" című versének átiratát közli a *Songs of the Soul* című kötetéből.

ilyen békességet. Örömmel tölt el a tudat, hogy a fiam szabad. Én azt hittem, hogy valami szörnyűség történt vele."

❖ ❖ ❖

Amikor egy szívednek kedves személy meghal, az oktalan bánkódás helyett inkább tudatosítsd magadban, hogy az illető egy magasabb síkra távozott Isten akaratából, s hogy Isten pontosan tudja, mi a legjobb számára. Örvendezz szabadságának. Imádkozz, hogy szereteted és jóakaratod buzdító hírnökként érjenek nyomába előrevezető útján. Ez a hozzáállás sokkalta üdvösebb. Persze nem is emberek volnánk, ha nem hiányoznának szeretteink, azonban elhagyatottságunkban sem kívánjuk, hogy önös kötődésünk e földön marassza őket. A szertelen bánat ugyanis megakadályozza, hogy az eltávozott lélek továbbhaladjon útján a teljesebb békesség és szabadság felé.

❖ ❖ ❖

[A halállal szembesülvén megvan a helyénvaló módja a sajnálkozásnak, ahogyan ezt Paramahansza Jógánanda kifejezte a temetési búcsúbeszédben, amelyet egyik legelső és legkiválóbb tanítványának, Srí Gjánamátának tartott – akit gyengéden és tiszteletteljesen „Nővérnek" nevezett.[8]]

Valaki azt mondta nekem tegnap éjjel, amikor könnyek ültek

---

8 Lásd a 52. oldalon.

A halál megértése

a szememben, hogy boldognak kell lennem, hiszen Nővérünk immár szabadon örvendezhet a Szellemben. Mire én így feleltem: „Jól tudom én, hogy Nővérünk immár túláradóan boldog, hogy életének e fejezete dicsőségesen lezárult, s hogy a fájdalom végre eltávozott testéből... Szellemem egyesült az övével Istenben. Ezek a szeretet könnyei, amiért ezen az oldalon nélkülöznöm kell őt..."

Ama ragyogó, mégis szerény fénysugár, amely Nővérünk volt, a szemem előtt lobbant ki, hogy elvegyüljön a Nagy Fényességgel. Ez vigaszt és szomorúságot is jelent egyben. És gyászomban is áthat az öröm; az öröm, hogy ő itt élt közöttünk, és oly sok szeretetet fakasztott a szívünkből.

❖ ❖ ❖

Ha el kívánod küldeni gondolataidat elhunyt szeretteidnek, ülj le nyugodtan a szobádban, és elmélkedj Istenen. Amikor bensődet áthatja az Ő békessége, összpontosíts mélyen a Krisztus-középpontra[9] – az akarat két szemöldököd között elhelyezkedő központjára –, és sugározd ki szeretetedet elhunyt kedveseidre. A Krisztus-középpontban jelenítsd meg annak a személynek a képét, akivel kapcsolatot kívánsz teremteni. Küldd el ennek a léleknek a bensődből fakadó szeretet, az erő és a bátorság rezgéseit. Ha elég kitartó vagy, s nem lankad a szeretett személyre irányuló figyelmed intenzitása, rezgéseid bizonyosan eljutnak a lelkéhez. Az ilyen gondolatok az elégedettség érzésével töltik el szeretteidet,

---

9 *Lásd* a szójegyzéket.

és tudatják velük, hogy változatlanul szereted őket. Ők éppúgy nem feledtek el téged, ahogyan te sem őket.

❖ ❖ ❖

Olyan gyakran küldd el szereteted és jóakaratod gondolatait szeretteidnek, ahogy hajlandóságot érzel rá, de legalább évente egyszer – talán valamilyen különleges évforduló alkalmából. Mondd nekik gondolatban a következőt: „Egy szép napon majd viszontlátjuk egymást, és még gyönyörűségesebben kivirágoztatjuk egymás iránt érzett isteni szeretetünket és barátságunkat." Ha a jelenben szüntelenül küldöd hozzájuk szerető gondolataidat, egy szép napon bizonnyal újra találkozni fogtok. Rájössz majd, hogy ez az élet korántsem a vég, pusztán egy láncszem a szeretteiddel összefűző, örökkévaló kapcsolatban.

A halál megértése

MEGERŐSÍTÉSEK

Ó, Isteni Anya, akár jelen életem felszínén lebegek, akár alámerülök a halál hullámaiba, akkor is a Te oltalmazó, mindenütt jelenlévő, örök életed tengerfenekén lelek nyugodalmat; Te ölelsz engem halhatatlan karjaidba.

❖ ❖ ❖

Csillagtól csillagig szállok; az örökkévalóságnak innenső vagy túlsó oldalán, avagy az élet hullámain bukdácsolva, atomtól atomig – együtt repülve a fénnyel, vagy az emberi életekkel táncra kelve! Halhatatlan vagyok! Feltámasztottam magam a halálnak tudatából.

❖ ❖ ❖

Isten örök élete árad el rajtam. Halhatatlan vagyok. Elmém hullámain túl a Kozmikus Tudat óceánja terül el.

14. FEJEZET

Így használd fel a halhatatlanság gondolatait valódi Éned felébresztésére

[Paramahansza Jógánanda így írt:
„Ha ráhangolódsz Isten gondolatára, s a káprázat szögére az Igazságról alkotott helyes gondolatok pörölyével sújtasz, felülemelkedhetsz a káprázaton. Foszlasd szét a halandóság gondolatait a halhatatlanság tudatával."

A Srí Jógánanda beszédeiből és írásaiból vett idézetek e gyűjteményében olyan megerősítéseket és lelki észleleteket találsz – „a halhatatlanság gondolatait" –, amelyek révén maradéktalanabbul tudatosíthatod magadban az Örökkévaló, Üdvös Boldogsággal eltöltő Valóságot, amely bensődet és a teremtés egészét áthatja.]

Éjjel és nappal erősítsd magadban azt, aki valójában vagy

Szüntelenül ismételd magadban ezt az igazságot:

„Én vagyok a Változhatatlan, vagyok a Végtelen; nem

*Így használd fel a halhatatlanság
gondolatait valódi Éned felébresztésére*

*kicsiny, halandó lény vagyok törékeny csontokkal, nem
puszta test vagyok, amely majdan elenyész. Az örökkévaló
és változatlan Végtelen vagyok."*

❖ ❖ ❖

Ha egy ittas herceg elmegy a nyomornegyedbe, és valódi kilétéről teljesen megfeledkezvén siránkozni kezd, hogy: „Milyen szegény nyomorult vagyok", a barátai csak nevetnek rajta, és így szólnak: „Térj magadhoz, és emlékezz vissza rá, hogy herceg vagy." Te hasonlóképpen egy érzékcsalódásnak estél áldozatul; azt gondolod, hogy tehetetlen halandó vagy, aki nyomorúságosan küszködik. Minden áldott nap le kell tehát telepedned csendben, és mélységes meggyőződéssel eltelve meg kell erősítened magadban:

*„Nem születtem, nem halok meg, nem tartozom semmilyen
kaszthoz; nincsen apám, sem anyám. Az Áldott Szellem,
Az vagyok én. A Végtelen Boldogság vagyok."*

Ha újra meg újra, éjjel és nappal ezeket a gondolatokat ismétled magadban, végül ráébredsz, ki vagy valójában: egy halhatatlan lélek.

Távolíts el minden korlátozó gondolatot, amely elrejti igaz Énedet

Hát nem különös, hogy magad sem tudod, ki vagy? Hogy nem ismered valódi Énedet? Egy sor különböző címmel és halandó szereppel azonosítod magad, amelyeket a porhüvelyedre aggattak... Le kell hámoznod ezeket a titulusokat a lelkedről.

"Gondolkodom, de nem vagyok azonos a gondolattal. Érzek, mégsem vagyok azonos az érzéssel. Van akaratom, de nem vagyok maga az akarat."

S hogy mi marad? Lényed, amely tudja, hogy létezel; lényed, amely érzi, hogy élsz – éspedig az intuíció bizonysága révén, amellyel a lélek feltétlen tudatában van tulajdon létének.

❖ ❖ ❖

Napod során folyamatosan a testeddel munkálsz, és ezért azonosulsz vele. Ám Isten minden éjjel kiszabadít a káprázat e börtönéből. Múlt éjjel, midőn mély és álomtalan alvásban hevertél, vajon asszony voltál, vagy férfi, amerikai vagy hindu, szegény vagy gazdag? Ugyan. Színtiszta Szellem voltál... A mély alvás félig-meddig szupertudatos szabadságában Isten megszabadít minden halandó titulustól, és megajándékoz az érzéssel, hogy független vagy testedtől és annak valamennyi korlátjától – a színtiszta tudat vagy ilyenkor, amely a térben nyugszik. Ez a határtalanság a te valódi Éned.

❖ ❖ ❖

Emlékeztesd magad erre az igazságra minden reggel, amikor felébredsz:

*Így használd fel a halhatatlanság
gondolatait valódi Éned felébresztésére*

„Épp most érkezem Énem benső megtapasztalásának birodalmából. Nem vagyok azonos a testemmel. Láthatatlan vagyok. Öröm vagyok. Fény vagyok. Bölcsesség vagyok. Szeretet vagyok. Álomtestemben lakozom, amelyben földi életemet álmodom; de én az örökkévaló Szellem vagyok."

Tudd, hogy Éned elválaszthatatlan Istentől

A legfőbb bölcsesség, ha Önmagunkra eszmélésünk révén megismerjük Énünket, a lelket, amely örökre elválaszthatatlan Istentől… Az Egyetlen Lény ott rejlik minden létező legbensőbb lényegében. „Ó, Ardzsuna! Vagyok az Én minden teremtett lény szívében: Én vagyok a Forrásuk, a Létük és a Véglegességük!"

❖ ❖ ❖

Minden nagy tanítómester azt vallja, hogy testünkben ott rejlik a halhatatlan lélek, egy szikrája Annak, aki mindeneket fenntart. Aki ismeri a lelkét, tisztában van ezzel az igazsággal:

„Én túl vagyok minden véges dolgon… Egy vagyok a csillagokkal, a hullámokkal és az Élet egészével; én vagyok a kacaj minden szívben, én vagyok a virágok szirmain és a lelkekben kibomló mosoly. Én vagyok a Bölcsesség és a Hatalom, amely a teremtés egészét élteti."

Gondolkodj, alkalmazz megerősítéseket, eszmélj rá isteni természetedre

Foszlasd szét a korszakok óta uralkodó hamis gondolatot – hogy gyarló emberi lények vagyunk. Nap mint nap gondolkodnunk és meditálnunk kell, megerősítéseket alkalmaznunk, hinnünk kell, és rá kell ébrednünk, hogy Isten gyermekei vagyunk.

❖ ❖ ❖

Azt mondhatod magadban: „Ez csupán egy gondolat." Nos, mi is egy gondolat? Minden, amit látsz, valamely eszme eredménye... Minden dolognak a láthatatlan gondolat adja a valóságosságát. Következésképpen, ha képes vagy uralni gondolkodási folyamataidat, bármit láthatóvá tehetsz; összpontosításod hatalmával anyagi valósággá változtathatod...

Miközben megtanulod uralni gondolataidat, és befelé fordítani elmédet a meditáció guruktól kapott technikáival, fokozatos spirituális fejlődésen mész keresztül: meditációd elmélyül, és láthatatlan éned, Isten bensődben rejlő lélekképmása valósággá válik számodra.

❖ ❖ ❖

Vonatkoztass el a gondolatoktól, amelyeket szét kívánsz foszlatni, éspedig oly módon, hogy építő gondolatokkal cseréled fel őket. Ez a mennyek kulcsa, amely a te kezedben van...

Azok vagyunk, aminek *gondoljuk* magunkat... Változtasd meg tudatodat a halandó emberéről az isteni lényére.

*Így használd fel a halhatatlanság
gondolatait valódi Éned felébresztésére*

❖ ❖ ❖

„Végtelen vagyok. Kívül állok a téren, időtlen vagyok; a testen, a gondolaton és a kimondott szón túl létezem; túl anyagon és elmén. Véghetetlen üdvös boldogság vagyok."

Hasd át elméd szüntelenül az isteni igazsággal

Kerülj minden vélekedést, amely az ember korlátait sugallja elmédnek: ne gondolj a betegségre, az öregkorra, a halálra. Ehelyett szüntelenül igyekezz bevésni elmédbe a következő igazságot:

„A Végtelen vagyok, aki testté lett. A test a Szellem megnyilvánulásaként maga az örökkön tökéletes, örökifjú Szellem."

❖ ❖ ❖

Ne hagyd, hogy a gyengeség vagy az öregség gondolatai korlátozzanak. Ki mondja neked, hogy öreg vagy? Szó sincs erről. Te, a lélek örökké ifjú vagy. Vésd be tudatodba a következő gondolatot:

„Én vagyok a lélek, az örökifjú Szellem tükörképe. Duzzadok a fiatalságtól, a becsvágytól és a sikerre vivő tetterőtől."

❖ ❖ ❖

Hangolódj rá a Kozmikus Hatalomra, s akár gyárban dolgozol, akár az üzleti világban érintkezel embertársaiddal, újra meg újra mondd ki magadban e megerősítést:

„Bennem rejlik a Végtelen Teremtőerő. Nem fekszem a sírba anélkül, hogy nagy tetteket hajtanék végre. Isten embere vagyok, észszerű teremtmény. Bennem rejlik a Szellem hatalma, lelkem felbuzgó Forrása. Kinyilatkoztatásszerű eredményeket érek el az üzlet világában, a gondolat világában, a bölcsesség világában. Atyám és én egyek vagyunk. Bármit képes vagyok létrehozni, amire csak vágyom, akárcsak az én teremtő Atyám."

❖ ❖ ❖

Az *SRF Lessons* megtanít rá, hogyan teremts kapcsolatot a Kozmikus Élettel... Isten kozmikus energiájának óceánjával. A legnagyszerűbb módszer az, hogy közvetlenül eme energia benső forrásából meríts, s ne a gyógyszerek, érzelmek és egyebek mesterséges serkentőerejét vedd igénybe. Ekkor elmondhatod:

„Közvetlenül a bőröm alatt egy roppant áramlat kering. Én megfeledkeztem róla, ám most, hogy az Önmagamra eszmélés csákányával ástam le, újra felfedeztem ezt az életerőt... Nem vagyok azonos a húsommal. Én az isteni elektromosság vagyok, amely átjárja e testet."

*Így használd fel a halhatatlanság
gondolatait valódi Éned felébresztésére*

Lelkednek nem árthatnak a megpróbáltatások

Tudd, hogy halhatatlan vagy – a halandó élet leckéi nem törnek meg, csupán tanulsz belőlük, kinyilvánítod halhatatlanságod, és *mosolyogsz.* Mondd:

„Halhatatlan lény vagyok, akit egy halandó iskolába küldtek, hogy tanuljon, és visszanyerje öröklétét. Jóllehet a földnek tisztító tüzei próbára tesznek, én a lélek vagyok, ezért semmi sem árthat nekem. A tűz nem égethet meg; a víz nem fullaszthat meg; szél nem hervaszthat el; az atomok nem szaggathatnak szét; én a halhatatlan lény vagyok, aki a halhatatlanság leckéit álmodja – nem azért, hogy gyötrődjön, csak a maga mulatságára."

❖ ❖ ❖

Számos megtestesülésed során temérdek szerepet öltöttél már magadra. Ám ezeket mind azért kaptad, hogy szórakoztassanak – nem azért, hogy elrémítsenek. Halhatatlan lényed érinthetetlen. Az élet mozgóképén sírhatsz, kacaghatsz, számos szerepet eljátszhatsz; ám önmagadban mindig azt kell mondanod, hogy: „Én a Szellem vagyok." E bölcsesség tudatosításából hatalmas vigaszt meríthetsz.

❖ ❖ ❖

„Én az édes Halhatatlanság áldott gyermeke vagyok, akit e világra küldtek, hogy eljátssza a születés és halál drámáját, ám közben mindvégig emlékezzék halhatatlan Énjére."

*"A Szellem Óceánjából támadt lelkem kicsiny buborékja.
E buborék vagyok én – egy a Kozmikus Tudat óceánjával.
Soha nem halhatok meg. Akár megszületvén a felszínen
lebegek, akár alámerülök a halálba, az elpusztíthatatlan
tudat vagyok, amelyet a Szellem oltalmazón ölel halhatatlan kebelére."*

Ne félj semmitől, hiszen Isten gyermeke vagy

Amikor meditálva lehunyod a szemed, tudatod végtelen térségei tárulnak eléd – látod, hogy te vagy az örökkévalóság középpontja. Összpontosíts e határtalanságra; szentelj egy kis időt reggel és este arra, hogy lehunyod a szemed, és azt mondod magadban:

*"Én vagyok a Végtelenség; az Ő gyermeke vagyok. A hullám
az óceán egy fodra; éppígy tudatom is egyetlen fodra a nagy
Kozmikus Tudatnak. Semmitől sem félek, hiszen én vagyok
a Szellem."*

❖ ❖ ❖

Mindenkor kapaszkodj Isten mögöttes jelenlétének tudatába. Légy kiegyensúlyozott, és mondd:

*"Híján vagyok a félelemnek; az isteni lényegből fakadtam.
A Szellem Tüzének egy szikrája vagyok, a Kozmikus Láng
egy atomja. Az Atya hatalmas, egyetemes testének egy sejtje
vagyok. »Atyám és én Egyek vagyunk.«"*

*Így használd fel a halhatatlanság
gondolatait valódi Éned felébresztésére*

❖ ❖ ❖

Szabadulj meg a félelemtől annak tudatában, hogy:

„Éltemben és holtomban örökkön létezem Istenben."

❖ ❖ ❖

Ha e technikákat gyakorlod, napról napra ez a tudat gyakorol befolyást rád. Amikor meditáció közben áthat benső lényed mélységes nyugalma, lerázod magadról a test béklyóit. Ugyan mi ekkor számodra a halál? És hová tűnik a félelem? Immár semmi sem képes félelmet ébreszteni benned. Ez az az állapot, amelyre törekszel. Összpontosíts az *Aum*ra, olvadj össze e szótaggal mély meditációban; amikor ráeszmélsz, hogy Isten benne rejlik a Kozmikus Rezgésben, „megtérsz az Atyához" – a transzcendens végtelen Abszulút Üdvös Boldogság-Tudatához.

Így szólsz majd:

„Én és Üdvözítő Istenem Egyek vagyunk. Mindenem megvan e világegyetemben. Halál, betegség, végítélet, tűzvész – semmi sem foszthat meg ettől az Üdvös Boldogságtól!"

Egy vagy a Szellemmel: erősítsd meg spirituális tulajdonságaidat

Próbálj lényed szépséges és pozitív tulajdonságaira emlékezni és összpontosítani, ne a hiányosságaidat erősítsd.

❖ ❖ ❖

Ahol A Fény Honol

A törekvő jóginak mindenkor szem előtt kell tartania, amikor harag támad bensőjében, hogy: „Ez nem én vagyok!" Amikor önuralmán felülkerekedik a kéjvágy vagy a kapzsiság, ki kell jelentenie magában: „Ez nem én vagyok!" Amikor a gyűlölet megpróbálja valódi természetét a rút érzelmek álarca mögé rejteni, erővel le kell tépnie azt magáról: „Ez nem én vagyok!" Az ájtatos hívő megtanulja rácsukni tudata ajtaját minden hívatlan vendégre, aki odabenn akar megtelepedni. És valahányszor mások kihasználják vagy visszaélnek jóságával, s ő mégis a megbocsátás és szeretet szent szellemének moccanását érzi bensőjében, meggyőződéssel erősítheti meg: *„Ez én vagyok! Ez az én valódi természetem."*

A jógameditáció nem más, mint valódi természetünk tudatosságának ápolása és megszilárdítása meghatározott spirituális és pszichofizikai módszerek és törvények alkalmazása révén, amelyeknek köszönhetően a beszűkült ego, öröklött és gyarló emberi tudatunk helyét elfoglalja a lélek tudata.

❖ ❖ ❖

Kedveseim, senkit ne nevezzetek bűnösnek. Ti Isten gyermekei vagytok, hiszen Ő teremtett benneteket a saját hasonlatosságára... Mondjátok hát magatoknak:

„Legyenek bár a bűneim oly feneketlenek, mint az óceán, vagy tornyosuljanak oly magasra, mint a csillagos ég, mégsem kerekedhetnek fölém, hiszen én maga a Szellem vagyok."

*Így használd fel a halhatatlanság
gondolatait valódi Éned felébresztésére*

Te vagy a fény, te vagy az öröm

Hiába uralkodik egy barlangban ezredévek óta sötétség, ha fényt viszel be, a sötét úgy tűnik tova, mintha sosem lett volna. Hasonlóképpen bármilyen fogyatkozásaid legyenek is, egy csapásra megszabadulsz tőlük, amint lényeden elárad a jóság fénye. A lélek világossága oly hatalmas, hogy ezt még számtalan gonoszságban leélt inkarnáció sem olthatja ki. Ám a gonosz önmagunk teremtette, átmeneti sötétsége boldogtalanná teszi a lelket, hiszen szenvedünk ebben az éjszakában. Ha azonban mély meditációban kinyitod spirituális szemedet, eloszlathatod e sötétséget, és megtöltheted tudatod a mindent megvilágító, isteni fénnyel.

Senki más nem menthet meg. Te vagy önmagad megváltója, amint ráeszmélsz:

„Én vagyok maga a Világosság. Sosem kárhoztattam sötétségre, s az soha nem homályosíthatja el lelkem fényét."

❖ ❖ ❖

Feledd jelenlegi korlátaid lidércnyomását. Este, elalvás előtt és hajnalban, ébredés után erősítsd meg magadban:

„Isten fia vagyok, éppúgy, ahogyan Jézus és a többi tanítómester. Nem rejtőzöm el Őelőle a tudatlanság függönye mögé. Inkább a bölcsességtől sziporkázom, hogy spirituálisan mind áttetszőbbé válva magamba fogadhassam az Ő makulátlanul tökéletes fényét. Miután teljesen átjárt az Ő világossága, ráeszmélek majd, hogy Isten gyermeke vagyok, és mindig is az voltam, aki az Ő képmására teremtetett."

Ahol A Fény Honol

❖ ❖ ❖

"Örökké Isten gyermeke maradok. Erőm oly nagy, hogy kiállok minden megpróbáltatást. Ami rosszat a múltban elkövettem, azt most helyrehozhatom jócselekedetekkel és meditációval. Jóváteszem mindet. Halhatatlan és örökkévaló vagyok."

❖ ❖ ❖

Meditálj minden este, amíg képes leszel elhessegetni valamennyi világi gondolatodat és vágyadat... Vonatkoztass el nyugtalan gondolataidtól és érzéseidtől, és telepedj le lelkednek templomában, ahol Isten határtalan öröme árad el, mígnem magába nyeli az egész világot, és te ráébredsz, hogy nem létezik más, csak Az. Ekkor azt mondod majd:

"Egy vagyok Isten örök fényével, Krisztus örökkévaló örömével. Az egész teremtés hullámai ott kavarognak bennem. Az én testem hulláma belesimult a Szellem óceánjába. Többé már nem a test vagyok, hanem a Szellem eme óceánja. Lelkem ott szunnyad a kövekben. Lényem ott álmodik a virágokban, s én dalolok minden madárban. Én vagyok a gondolat az emberben, s a felettes emberben a tudat, hogy létezem."

Ebben a tudatállapotban ráébredsz, hogy a tűz nem pusztíthat el; hogy a föld, a fű és az ég mind vérrokonaid. Ekkor szellemi

*Így használd fel a halhatatlanság
gondolatait valódi Éned felébresztésére*

lényként járhatsz e földön, nem félve többé a teremtés kavargó hullámait.

Te vagy a szeretet

„Az én Mennyei Atyám a szeretet, én pedig az Ő képmására teremtettem. A szeretet szférája vagyok, amelyben az összes bolygó és csillag, valamennyi lény és a teremtés egésze tündököl. A szeretet vagyok, amely az egész világegyetemet áthatja."

❖ ❖ ❖

Midőn megtapasztalod ezt az isteni szeretetet, többé nem látsz különbséget virágszál és vadállat, egyik emberi lény és a másik között. Bensőséges viszonyba kerülsz a természet egészével, és mindenkit egyformán szeretsz. Miután csak egyetlen emberfajtát látsz magad előtt – Isten gyermekeit, fivéreidet és nővéreidet Őbenne –, azt mondod majd magadban:

„Isten az Atyám, és én az ő hatalmas családjának, az emberi nemnek vagyok tagja. Szeretem mindnyájukat, hiszen ők az enyéim. És szeretem napfivéremet és holdnővéremet, és minden teremtményt, akiket az én Atyám teremtett, s akikben az Ő életereje áramlik."

❖ ❖ ❖

"Keblemre ölelem valamennyi emberfajtát – az olajbarnát, a fehéret, a feketét, a sárgát és a vöröset –, hogy hajlékomban éljenek fivéreimként, akik egyazon szülőktől, Ádámtól és Évától jöttek e világra, mennyei Atyjuk pedig maga az Isten. Testvéremül fogadom a földet, a vizet, a tüzet, a levegőt és az étert, hiszen valamennyi vérrokonom – ugyanaz az éltető erő kering az ereimben, mint az élet összes többi formájának. Minden állatot, növényt, szeretett atomot és energiát bebocsátok életem templomába; hiszen én vagyok a Szeretet, én vagyok maga az élet."

„Te vagy Az"

A *dzsnyána*, vagy valódi tudás az, amikor a lélek ráeszmél az *„Aham Brahmaszmi"* (Én vagyok Brahma) vagy a *„Tat tvam aszi"* (Te vagy Az) végső igazságára. S amikor az ember meditatív testtartásban, egyenesen ülve pránaáramlatát a *Kutaszthába* (a két szemöldöke közé) irányítja, ez a valódi *tapaszja*, vagyis spirituális önfegyelmi gyakorlat, amellyel ellenőrzése alá vonhatja a benne rejlő isteni erőt.

❖ ❖ ❖

Amikor túllépsz e világ tudatán, s tisztába jössz vele, hogy nem vagy azonos sem a testeddel, sem az elméddel, és mégis minden korábbinál teljesebben tudatára ébredsz létezésednek – ez az isteni tudat vagy valójában. Te vagy Az, amiben a világegyetem egésze gyökerezik.

❖ ❖ ❖

Döntsd le a határokat, amelyek lelkedet a Szellemtől elválasztják.

„Az óceán vagyok? Az túl kicsiny,
álombéli harmatcsepp a tér azúr fűszálain.
Az ég volnék? Az is túl apró,
tavacska az örökkévalóság ölén.
Az öröklét lennék? Túl parányi,
egy név keretébe zárva.
A névnélküliség roppant térségein lakozom én,
túl álmok, nevek, fogalmak határain.
Vagyok, ami mindig –
az örökkévaló múltban,
az örökkévaló jövőben,
az örök jelenben.

15. FEJEZET

A legvégső cél

Az emberiség örök kutatásra indult „valami más" után, ami reményei szerint meghozza számára a maradéktalan és végeérhetetlen boldogságot. Ama egyéni lelkek számára, akik keresték és meglelték Istent, e kutatás véget ért. Ő az a Valami Más.

❖ ❖ ❖

Sokan kételkednek benne, hogy Isten megtalálása az élet célja; ám azt a gondolatot mindenki el tudja fogadni, hogy az élet célja a boldogság meglelése. Én pedig azt mondom, hogy Isten a Boldogság. Ő az Üdvös Boldogság. Ő a Szeretet. Ő az Öröm, amely soha többé nem fog tovatűnni lelkedből. Akkor hát miért ne próbálnád elérni e Boldogságot? Ezt senki más nem képes megadni neked. Magadnak kell lankadatlanul munkálkodnod a növelésén.

❖ ❖ ❖

Még ha az élet mindent megadna is neked, amire vágysz – vagyont, hatalmat, barátokat –, egy idő után ismét elfogna az elégedetlenség, és valami többet kívánnál. Ám van egy dolog, amelyre sosem unhatsz rá – maga az öröm. A gyönyörűségesen sokszínű, lényegében mégis változatlan boldogság az a benső élmény, amely után mindenki kutat. A maradandó, mégis folyton

A legvégső cél

megújuló öröm maga Isten. Ha egyszer megleled ezt az Örömöt a bensődben, a külvilágban is mindenütt megtalálod. Istenben az örökkévaló, végeérhetetlen Üdvös Boldogság Kútfejéből meríthetsz.

❖ ❖ ❖

Tegyük fel, azzal akarnak büntetni, hogy nem engednek aludni, amikor égető szükséged volna a pihenésre, ám egyszerre valaki így szól: „Rendben van, most nyugovóra térhetsz." Gondold csak el, milyen öröm járna át, mielőtt álomba merülnél, majd szorozd meg ezt egymillióval! És még így sem írható le híven, micsoda öröm tölti el az embert az Istennel való eggyé váláskor.

❖ ❖ ❖

Isten öröme határtalan, szakadatlan és szüntelenül megújuló. Sem a test, sem az elme, sem más egyéb nem háboríthat, amikor ebben a tudatállapotban leledzel – ilyen nagy az Úr kegyelme és dicsősége. És Ő meg fogja világítani mindazt, amit eddig nem értettél; mindazt, amit tudni kívánsz.

❖ ❖ ❖

Amikor csendben ülsz mély meditációban, olyan öröm buzog fel bensődben, amelyet nem valamely külső inger kelt. A meditáció öröme eláraszt. Akik sosem merültek el az igazi meditáció csendjében, azoknak fogalmuk sincs a valódi örömről.

❖ ❖ ❖

Amikor az elméd és az észlelésed befelé irányítod, kezded megérezni Isten örömét. Az érzéki gyönyörűségek mulandók, Isten öröme azonban örökkévaló. Semmi sem fogható hozzá.

Időt szentelni Istennek az életedben

Az életben mindennek megvan a maga helye, ám ha valódi boldogságod rovására vesztegeted az idődet, az bizony nem helyes. Jómagam minden felesleges tevékenységet kiiktattam, hogy meditálhassak és Istent megismerhessem azért, hogy éjjel és nappal az Ő isteni tudatában lehessek.

❖ ❖ ❖

Igen kevesen tudják, milyen sok minden belefér egy emberéletbe, ha helyesen, bölcsen és gazdaságosan osztjuk be. Bánjunk hát takarékosan az időnkkel – az életünk lepereg, mielőtt felébrednénk, és ezért nem eszmélünk rá ama véghetetlen idő értékére, amellyel Isten megajándékozott bennünket.

❖ ❖ ❖

Ne üsd el idődet semmittevéssel. Rengeteg olyan ember akad, aki jelentéktelen hiábavalóságokkal köti le magát. Amikor megkérdezed tőlük, mivel töltötték az időt, rendszerint így felelnek: „Ó, úgy el voltam foglalva, egyetlen szabad percem sem volt!" Azt azonban nemigen tudják felidézni, hogy mi célt szolgált e nagy sürgés-forgás!

A legvégső cél

❖ ❖ ❖

Megeshet, hogy egyetlen szempillantás múlva már távoznod kell e világból, s minden elfoglaltságodat le kell mondanod. Akkor hát miért tulajdonítanál bármely más tevékenységednek elsődleges fontosságot, ha ennek következtében nem marad időd Istenre? Ez ellenkezik a józan ésszel. A *májá,* a kozmikus káprázat reánk vetett hálója az oka annak, hogy világi foglalatosságainkba gabalyodunk, és megfeledkezünk az Úrról.

❖ ❖ ❖

Az ember legnagyobb téveszméje az a meggyőződés, hogy mindenekelőtt apró-cseprő vágyainak és kötelességeinek kénytelen eleget tenni. Jól emlékszem rá, hogy gurum, Szvámi Srí Juktésvardzsí ifjú tanítványaként nap mint nap megfogadtam magamban: „Holnap tovább fogok meditálni." Ám egy egész év suhant el, mire ráeszméltem, hogy folyton csak halogatom ígéretem valóra váltását. Egyszeriben elhatároztam, hogy minden reggel, a tisztálkodást követően első dolgom lesz hosszasan meditálni. Ám még ekkor is úgy jártam, hogy amint reggelente elkezdtem sürgölődni, máris teljesen belemerültem napi foglalatosságaimba és kötelezettségeimbe. Ezt követően eltökéltem, hogy mindenekelőtt meditálni fogok, és ekként megtanultam egy igen fontos leckét: Az első helyen Isten iránti kötelességem áll, s csak azután jöhetnek sorra a jelentéktelenebb kötelezettségeim.

❖ ❖ ❖

Lényeges különbséget tenned szükségleteid és igényeid

között. Szükségleteid csekély számúak, igényeid azonban határtalanná duzzadhatnak. Ha rá akarsz lelni a szabadságra és az Üdvös Boldogságra, csak a szükségleteidet lásd el. Hagyj fel azzal, hogy határtalan igényeket támasztasz, és a hamis boldogság lidércfényét hajszolod.

❖ ❖ ❖

– Melyik a legjobb imádság? – érdeklődött egy tanítvány. Paramahansza Jógánanda így felelt:
– Ha azzal fordulsz az Úrhoz, hogy: „Kérlek, tudasd velem a Te akaratodat", nem pedig azzal, hogy: „Ezt és ezt kérem Tőled." Bízvást elhiheted, Ő jól tudja, mire van szükséged. Meg fogod látni, hogy sokkal hasznosabb dolgokban részesülsz majd, ha Ő választ számodra.

❖ ❖ ❖

Ha nem jársz sikerrel holmi aprócska, anyagi játékszer megszerzésében, amelybe belebolondultál, ne kezdj el neheztelni Istenre. Sokszor jobban járunk, ha nem kapjuk meg vágyaink tárgyát. Amikor az Isteni Atya látja, hogy az Ő lobbanékony gyermekei a tűz fényétől elcsábulva a helytelen vagy szertelen vágyak lángjai közé akarják vetni magukat, igyekszik megoltalmazni őket a megperzselődéstől.

Isten azt mondja: „Amikor gyermekeim úgy hiszik, hogy imádságaik nem nyernek meghallgatást, fogalmuk sincs, hogy Én igenis válaszolok – csak épp más formában, mint ahogyan ők várják Tőlem. Amíg el nem érik a tökéletességet, nem mindig fogok

A legvégső cél

a kívánságaiknak megfelelően válaszolni, hiszen csak a tökéletesség birtokában sugallhatja kéréseiket mindenkor a bölcsesség."

❖ ❖ ❖

Nincs abban semmi rossz, ha elmondjuk az Úrnak, hogy szeretnénk valamit, de szilárdabb hitre vall, ha egyszerűen annyit mondunk: „Mennyei Atyám, jól tudom, hogy Te előre látod mindennemű szükségemet. Viselj hát rám gondot a Te akaratod szerint."

Ha példának okáért egy férfi erősen áhítozik egy kocsira, és kellő buzgalommal imádkozik érte, meg fogja kapni. Azonban meglehet, hogy a kocsi birtoklása nem a legszerencsésebb dolog számára. Az Úr olykor azért nem válaszol apró-cseprő imáinkra, mert hasznosabb adománnyal kíván megajándékozni bennünket. Bízz jobban Istenben. Higgy benne, hogy a te Teremtőd gondoskodik rólad.

❖ ❖ ❖

Isten bebizonyította nekem, hogy ha Ő velem van, az élet összes „szükséglete" szükségtelenné válik. E tudatállapotban egészségesebbé válsz, mint az átlagember, több örömben és mindenféle szempontból teljesebb bőségben lesz részed. Ne hajszold a jelentéktelen apróságokat; ezek csak elterelik a figyelmedet Istenről. Vágj bele a kísérletedbe most: tedd egyszerűbbé az életet, és légy király.

❖ ❖ ❖

Ahol A Fény Honol

A hétköznapi embert világi környezete befolyásolja. Aki összpontosítja figyelmét, a maga életének kovácsa. Az ilyen ember megtervezi napját, amelynek végén jóleső érzéssel állapíthatja meg, hogy tervei teljesültek; közelebb jutott Istenhez és a maga elé tűzött célhoz egyaránt. A gyenge ember is sok csodás dolgot eltervez, ám a nap végén meg kell állapítania, hogy a körülmények és a rossz szokások áldozata lett. Az ilyen ember rendszerint mindenki mást hajlamos okolni, kivéve saját magát.

Ne feledd, a gondjaidért egyedül saját magadat okolhatod. Ha eltökéled magadban, hogy a törvényeket betartva ellenőrzést fogsz gyakorolni körülményeid felett, akkor az életed ennek megfelelően alakul majd. Előbb-utóbb muszáj megtanulnod, hogyan vonhatod ellenőrzésed alá a létezésedet.

❖ ❖ ❖

Ura vagy életed pillanatainak.

❖ ❖ ❖

Tegyük fel, hogy kijelented magadban: „Márpedig ma igenis időt fogok szakítani a meditációra." Állj szavadnak; ülj csendesen legalább néhány percig. Másnap határozd el, hogy egy kevéssel tovább maradsz a meditáció állapotában. A rákövetkező napon pedig – minden akadály ellenére – tégy még egy kicsivel több erőfeszítést.

❖ ❖ ❖

Mindaddig nem fogsz eljutni Istenhez, amíg tudatodban

A legvégső cél

nem érzed meg az Ő abszolút fontosságát. Ne engedd, hogy az élet becsapjon. Alakítsd ki magadban azokat a jó szokásokat, amelyek segítségével részed lehet az igaz boldogságban. Kövess egyszerű étrendet, végezz testgyakorlást, és minden nap meditálj, ha esik, ha fúj. Ha reggelente nem áll módodban testedzést végezni és meditálni, akkor tedd meg este. Imádkozz Őhozzá mindennap: „Uram, még ha meghalok vagy az egész világ összedől, akkor is naponta időt fogok szakítani arra, hogy Veled legyek."

❖ ❖ ❖

A percek fontosabbak az éveknél. Ha életed perceit nem töltöd ki Istennek szentelt gondolatokkal, az évek tovasuhannak, és amikor a legnagyobb szükséged lesz Őreá, talán képtelen leszel megérezni jelenlétét. Ha azonban életed perceit isteni törekvésekkel töltöd ki, e törekvések automatikusan éveidet is áthatják.

Isten jelenlétére való ráhangolódás gyakorlása

Szüntelenül Istenről gondolkodni öröm. Állandóan vágyakoznod kell Őutána. Eljön majd az idő, amikor az elméd többé sosem kalandozik el, amikor még a legsúlyosabb testi, szellemi vagy lelki nyomorúság sem terelheti el tudatodat Isten eleven jelenlétéről. Hát nem csodálatos dolog ez, hogy Isten mindenkor áthatja életedet, gondolataidat és érzéseidet? Hogy az Ő jelenlétének erős várában lakozhatsz, ahonnan sem a halál, sem más egyéb nem ragadhat el?

❖ ❖ ❖

Ahol A Fény Honol

Közvetlenül beszéded szavai mögött, közvetlenül gondolataid hátterében, közvetlenül szíved szeretete mögött, közvetlenül akaratod és én-tudatod mögött ott van Isten magasztos szelleme. Akik a messzeségbe képzelik Őt, azoktól messze van; ám akik maguk mellett érzik Őt, azokhoz mindenkor közel van. Ahogyan a Bhagavad-gítá mondja: „Aki észrevesz Engem mindenütt, és mindent megpillant Énbennem, az sosem veszít szem elől, és Én sem tévesztem szem elől őt soha."[1] Az Úr sosem hagy bennünket cserben.

❖ ❖ ❖

Azt mondjuk, hogy Isten láthatatlan számunkra, holott valójában egész hatalmas teremtett világegyetemében szemmel láthatóan megmutatkozik. Isten nem csupán egyvalami – Ő minden.

❖ ❖ ❖

Miközben a teremtett világot szemléled, amely oly szilárdnak és valóságosnak látszik, mindig Isten gondolataként tekints rá, amely fizikai formákba dermedt. Napról napra egyszerű módszerekkel ránevelheted elmédet ennek tudatosítására. Valahányszor megpillantasz egy gyönyörű naplementét, gondold magadban a következőt: „Ez Isten festménye az égbolton." Amint szemügyre veszed az egyes emberek arcát, akikkel találkozol, tudatosítsd magadban: „Isten öltött testet ebben a formában." Alkalmazd e

---

[1] Bhagavad-gítá VI:30

A legvégső cél

gondolati irányultságot valamennyi tapasztalatodra: „Az ereimben folyó vér Isten; az elmémben munkáló ész Isten; a szívemben lakozó szeretet Isten; minden létező Isten."

❖ ❖ ❖

A jóga annak művészete, hogy minden cselekedetedet Isten tudata hassa át. Gondolataidnak nem csupán a meditáció idején, de munka közben is szüntelenül Őbenne kell gyökerezniük. Ha abban a tudatban dolgozol, hogy munkádat Isten kedvére végzed, akkor foglalatosságod egyesít téged Ővele. Ekként ne képzeld, hogy kizárólag a meditációban lelheted meg Istent. A meditáció és a helyes tevékenység egyaránt nélkülözhetetlen, ahogyan a Bhagavad-gítá tanítja. Ha Istenre gondolva teljesíted kötelességeidet e világon, mentálisan egyesülsz Ővele.

❖ ❖ ❖

Amikor Istenért dolgozol, nem pedig önmagadért, az éppolyan üdvös, mint a meditáció. Ekkor a munka segít a meditációdban, a meditáció pedig előbbre visz a munkádban. A kettő egyensúlyára van szükséged. Ha csak meditálsz, ellustulsz. Ha csak tevékenykedsz, elméd világiassá válik, és megfeledkezel Istenről.

❖ ❖ ❖

Istenért tevékenykedni mélyen személyes és módfelett kielégítő élmény.

Ahol A Fény Honol

❖ ❖ ❖

Isten akkor jön el hozzád, ha állhatatosan és önzetlenül hajtasz végre minden cselekedetet, miközben szeretetből fakadó gondolataid Őnála időznek. Ekkor ráeszmélsz, hogy azonos vagy az Élet Óceánjával, amelyből az egyes életek aprócska hullámai kiemelkedtek. Ez a módja annak, hogy a tevékenység révén megismerd az Urat. Ha Őrá gondolsz, mielőtt bármit cselekednél, miközben cselekszel, és miután elkészültél, akkor az Úr megmutatkozik előtted. Dolgoznod kell, de engedd, hogy Isten munkálkodjon rajtad keresztül; ez az odaadás legszebb része. Ha szüntelenül észben tartod, hogy Ő jár a te lábaddal, munkálkodik a te kezeddel, ér célt a te akaratoddal, akkor meg fogod ismerni Őt.

❖ ❖ ❖

Bármivel foglalkozol is, mindig módodban áll elsuttogni szeretetedet Istennek, amíg csak tudatosan fel nem fogod válaszát. Ez a legbiztosabb módja annak, hogy napjaink őrült hajszája közepette kapcsolatba lépj Óvele.

❖ ❖ ❖

Fejlődésedben legnagyobb segítségedre lehet az a szokás, hogy gondolatban suttogva szólsz Istenhez. Olyan változást fogsz tapasztalni önmagadban, amelyet igencsak kedvedre valónak találsz majd. Bármivel foglalkozol is, Istennek szüntelenül ott kell lennie a gondolataidban. Ugye igaz, hogy amikor szeretnél megnézni egy különleges előadást, avagy egy ruhára vagy kocsira fáj a

A legvégső cél

fogad, amelyet már régóta csodálsz, akkor bármi mással foglalkozol is éppen, a gondolataid szüntelenül azon járnak, hogyan szerezheted meg ezt a dolgot? Amíg nem elégíted ki heves vágyaidat, elméd nem lelhet megnyugvást; szakadatlanul e vágyak beteljesítésén munkálkodik. Ugyanígy kell a gondolataidnak éjjel-nappal Istenen járniuk. Alakítsd át kisszerű vágyaidat egyetlen nagyra törő vággyá Őutána. Elmédnek szüntelenül ezt kell suttognia: „Éjjel és nappal, éjjel és nappal, Téged kutatlak éjjel és nappal."[2]

❖ ❖ ❖

Ez az életfilozófia az, amelyet életünkben követnünk kell. Éspedig nem holnaptól, hanem már ma, ebben a percben. Semmiféle mentségünk nem lehet arra, ha nem gondolunk Istenre. A pénz, a szex és a hírnév helyett éjjel-nappal ezt a gondolatot forgasd elméd hátterében: Isten! Isten! Isten! Akár edényt mosogatsz, akár árkot ásol, az irodában vagy a kertben dolgozol – bármivel foglalkozol is éppen –, bensődben ezt mondogasd: „Uram, nyilvánulj meg nekem! Épp itt vagy. Ott vagy a napban. Ott vagy a fűszálban. Ott vagy a vízben. Itt vagy ebben a szobában. Ott lakozol a szívemben."

❖ ❖ ❖

Minden gondolat, amely elménkben megfogan, létrehoz egy bizonyos finom rezgést... Amikor elmédben megformálod

---

[2] Részlet a „Szívem kapuja" című énekből, amely Paramahansza Jógánanda *Cosmic Chants* című kötetében jelent meg.

az „Isten" szót, s egyre ismételgeted magadban, olyan rezgéseket keltesz, amelyek megidézik Isten jelenlétét.

❖ ❖ ❖

Valahányszor elméd a miriádnyi világi gondolat útvesztőjében bolyong, türelmesen tereld vissza a benne lakozó Úr emlékképéhez. Idővel azt veszed majd észre, hogy Ő mindig ott van veled: Isten a saját nyelveden fog szólni hozzád, s az Ő orcája néz rád minden virágból, bokorból és fűszálból. Ekkor majd elmondhatod: „Szabad vagyok! A Szellem fátyolszövetébe öltöztem; a fény szárnyán szállok fel a földről a mennybe." És ebben az örömben lényed feloldódik!

Kapcsolatteremtés Istennel

– Nem tűnik valami gyakorlatias dolognak egész álló nap Istenről elmélkedni – jegyezte meg egy látogató.

Paramahanszadzsí így felelt:

– Ez a világ véleménye, és vajon boldog hely a világ? A valódi öröm kisiklik azok markából, akik elhagyják Istent, hiszen Ő maga az Üdvös Boldogság. Az Ő hívei a békesség belső mennyországában élnek már itt a földön is, ám akik megfeledkeznek Róla, azok egy önmaguk teremtette alvilágban morzsolják napjaikat bizonytalanul és kiábrándultan. Istennel „összebarátkozni" tehát nagyon is gyakorlatias viselkedés!

❖ ❖ ❖

A legvégső cél

Ápold kapcsolatodat Ővele. Igenis lehetséges Istent éppoly jól megismerni, ahogyan legkedvesebb barátodat ismered. Ez az igazság.

❖ ❖ ❖

Először is megfelelő elképzeléssel kell rendelkezned Istenről – egy határozott ideával, amelyen keresztül kapcsolatot teremthetsz vele –, azután meditálnod kell, és imádkoznod, ameddig ez a mentális elképzelés tényleges észleléssé kezd változni. Ekkor fogod Őt megismerni. Ha kitartasz, az Úr eljön.

❖ ❖ ❖

Egyesek úgy festik le Teremtőjüket, mint aki zsarnokian próbára teszi az embert a tudatlanság füstjével és a büntetés tüzével, s szívtelen tüzetességgel ítéli meg cselekedeteit. Ezek az emberek ekként Isten, a szeretetteljes és együtt érző Mennyei Atya igaz felfogását egy szigorú, könyörtelen és bosszúálló önkényúr hamis képévé torzítják. Ám a hívek, akik eggyé válnak Istennel, jól tudják, hogy dőreség másként gondolni Őreá, mint az Együtt Érző Lényként, aki minden szeretet és jóság kimeríthetetlen tárháza.

❖ ❖ ❖

Isten az Örökkévaló Üdvös Boldogság. Lénye csupa szeretet, bölcsesség és öröm. Egyszerre személytelen és személyes, és tetszése szerint bármilyen módon megnyilvánulhat. Szentjei előtt mindig olyan formában jelenik meg, amelyet azok a legbecsesebbnek tartanak: a keresztény Krisztust látja, a hindu Krisnát vagy az

Istenanyát pillantja meg, és így tovább. Azok a hívek pedig, akiknek az imádata személytelen irányt vesz, végtelen Fényességként vagy a csodálatos *Aum* hangként, az őseredeti Igeként, a Szentlélekként ébrednek az Úr tudatára. A legmagasabb rendű tapasztalat, amelyben embernek része lehet, ama üdvös boldogság átélése, amelyben az Istenség minden más aspektusa – a szeretet, a bölcsesség, a halhatatlanság – maradéktalanul benne foglaltatik.

De hogyan tolmácsolhatom neked szavakkal Isten természetét? Ő szavakkal ki nem fejezhető, le nem írható. Csak mély meditációban fogod megismerni az Ő egyedülálló lényegét.

Isten válaszának bizonyítéka

– Uram, úgy tűnik nekem, mintha nem haladnék előre meditációs gyakorlataimban. Semmit sem látok és hallok – mondta egy növendék.

Paramahansza Jógánanda így felelt:

– Keresd Istent Önmaga kedvéért. A legmagasabb rendű megtapasztalás Üdvös Boldogságként érzékelni Őt, amely saját lényed feneketlen mélységeiből tör fel. Ne sóvárogj látomások, spirituális jelenségek vagy borzongató élmények után. Az Istenséghez vezető út nem holmi cirkusz.

❖ ❖ ❖

A spirituális elcsüggedés gyakori oka a hívek azon várakozása, hogy Isten válasza a benső megvilágosodás áhítatot keltő, ragyogó fényességében fog megérkezni hozzájuk. Ez a téveszme

A legvégső cél

eltompítja fogékonyságukat azokra a kifinomult, Isteni jelzésekre, amelyek meditációs gyakorlatuk legelejétől jelen vannak. Isten a hívek minden törekvésére, minden áhítatos hívására válaszol. Erre már novíciusként is rá fogsz eszmélni a saját istenkeresésed során, ha megtanulod felismerni Őt ama csendes, benső békességben, amely belopózik a tudatodba. E békesség az első bizonyítéka Isten jelenlétének bensődben. Ekkor már tudni fogod, hogy Ő vezérelt és ösztönzött valamely helyes döntésre életedben. Érezni fogod, amint eltölt az Ő ereje, hogy legyűrhesd rossz szokásaidat, és táplálhasd spirituális tulajdonságaidat. Meg fogod ismerni Őt a legbenső lényedben felduzzadó öröm és szeretet egyre növekvő hullámában, amely kiárad mindennapi életedbe és kapcsolataidba.

❖ ❖ ❖

Minél teljesebb békességet érzel meditáció közben, annál közelebb vagy Istenhez. Ahogy egyre mélyebbre merülsz a meditációba, úgy kerülsz mind szorosabb közelségbe Ővele. A meditáció békéje Isten nyelve és vigasztaló ölelése. Vagyis Isten máris jelen van benned a békesség trónusán. Először ott találd meg, s azután fel fogod lelni Őt az élet valamennyi nemes törekvésében, az igaz barátokban, a természet szépségében, a jó könyvekben, a helyes gondolatokban, a magasztos vágyódásokban… Ha egyszer megismered Istent e benső békeként, akkor rá fogsz eszmélni a külvilág jelenségeinek egyetemes harmóniájában rejlő békességként is.

❖ ❖ ❖

Ahol A Fény Honol

– Bármennyire igyekszem lecsillapítani elmémet, hiányzik belőlem az erő, hogy száműzzem a csapongó gondolatokat, és behatoljak benső világomba – jegyezte meg egy látogató. – Bizonyára híján vagyok az áhítatnak.

– Ha csendben üldögélsz, és megpróbálsz áhítatot kicsiholni magadból, azzal a legtöbbször semmire sem jutsz – mondta Paramahansza Jógánanda. – Éppen ezért tanítom én a meditáció tudományos technikáit. Gyakorold őket, és képes leszel lekapcsolni elmédet az érzékek figyelemelterelő észleleteitől és a gondolatok máskülönben szakadatlan folyamáról.

A *Krijá-jóga* révén az ember tudata magasabb síkon működik; a Végtelen Szellem iránti áhítat ekkor spontán módon ébred fel az ember szívében.

❖ ❖ ❖

Az Önmagadra eszmélésnek – a bensődben rejlő Isten-tudat felismerésének – alapvető bizonyítéka a szívből fakadó és feltétlen boldogság. Ha szüntelenül egyre áradóbb öröm tölt el meditáció közben, abból tudhatod, hogy Isten mindinkább kinyilvánítja jelenlétét bensődben.

❖ ❖ ❖

Olykor még az igazán áhítatos hívek is úgy gondolják, hogy Isten nem felel az imádságaikra. Holott Isten igenis válaszol nekik törvényei útján; ám amíg nem nyer kétségtelen bizonyosságot híve felől, addig nem felel neki nyíltan, addig nem szól hozzá. A Világegyetemek Ura oly szerény, hogy szót sem ejt, nehogy

A legvégső cél

ezzel befolyásolja hívét szabad akaratának gyakorlásában, miszerint elfogadja-e vagy elutasítja Őt. Ha egyszer megismered Istent, kétségkívül örökké szeretni fogod Őt. Hiszen ki tudna ellenállni az Ellenállhatatlannak? Ám ha meg akarod ismerni Istent, előbb bizonyságát kell adnod Őiránta érzett feltétlen szeretetednek. Hinned kell Őbenne. Bizton kell tudnod, hogy miközben imádkozol, Ő mindenkor figyelemmel hallgat téged. Ekkor fog Isten feltárulkozni előtted.

❖ ❖ ❖

Ha Isten nem válaszol az imádságaidra, ennek az az oka, hogy nem szívből imádkozol. Ha holmi száraz imádságutánzatot ajánlasz fel Neki, akkor igazán nem követelheted a Mennyei Atya figyelmét. Imádságoddal csak akkor juthatsz el Istenhez, ha állhatatosan, rendszeresen és szíved mélyéről fakadó buzgalommal fohászkodsz. Tisztítsd meg elméd a tagadás minden válfajától, amilyen a félelem, az aggodalom és a harag; azután töltsd meg a szeretet, a szolgálat és az örömteli várakozás gondolataival. Szíved szentélyében egyetlen hatalmat, egyetlen örömöt, egyetlen békességet őrizhetsz ereklyeként – Istent.

A személyes összetevő Isten keresésében

Isten keresésének megvan a személyes összetevője, amely fontosabb, mint a jóga egész tudományának tökéletes elsajátítása. A Mennyei Atya meg akar bizonyosodni felőle, hogy gyermekei egyedül Őreá vágynak, semmi mással nem elégszenek meg. Ha

Istennel azt éreztetik, hogy nem Ő az első hívei szívében, akkor távol tartja magát tőlük. Ám aki így szól Hozzá: „Ó Uram, mit bánom én, hogy megfosztom magam az álomtól ma éjjel, amíg Tevéled lehetek", ahhoz Isten el fog jönni. Teljes bizonyossággal! A teremtés Ura elő fog lépni e titokzatos világ számtalan fátyla mögül, hogy mindezek mögött feltárulkozzon hívei előtt. Isten szól az Ő igaz híveihez, és bújócskát játszik velük. Olykor váratlanul felfed előttük egy-egy vigasztaló igazságot, ha aggodalmak gyötrik őket. S idővel, közvetett vagy közvetlen módon, híveinek valamennyi kívánságát beteljesíti.

❖ ❖ ❖

Állhatatos és lankadatlan buzgalommal kell csábítgatnod Istent, hogy megmutassa Magát. E buzgalomra senki sem taníthat meg, neked kell felgerjesztened magadban. Ahogy a mondás tartja: „Odaviheted a lovat a folyóhoz, de nem veheted rá, hogy igyon." Ám amikor ez a ló megszomjazik, maga keresi meg buzgón a vizet. Tehát amikor epesztő szomjúság ég bensődben az Isteni után, amikor többé nem tulajdonítasz indokolatlan fontosságot semmi másnak – sem a világ, sem a test próbatételeinek –, Ő el fog jönni hozzád.

❖ ❖ ❖

Ha sikerrel szeretnél járni Isten megismerésében, a legfontosabb tényező, hogy lobogjon benned ez az eltökélt vágy.

❖ ❖ ❖

A legvégső cél

Noha Isten valamennyi imádságunkat hallja, nem mindig válaszol. Helyzetünk olyan, mint a gyermeké, aki édesanyját hívja, ám az anya nem látja szükségét, hogy rögvest rohanjon hozzá. Inkább egy játékszert küld gyermekének, hogy csendben maradjon. Amikor azonban a kicsi nem hajlandó megvigasztalódni semmi mástól, kizárólag édesanyja jelenlététől, akkor az anya maga megy oda. Ha meg akarod ismerni Istent, e rakoncátlan kisgyermekhez hasonlatosnak kell lenned, aki addig sír, amíg édesanyja hozzá nem siet.

❖ ❖ ❖

Ne ugorj fel türelmetlenül alig egy-két gondolati műsorszórás után, hanem lényedből fakadó lankadatlan buzgalommal, szakadatlanul bizonygasd tovább szíved egyre epesztőbb szomjúhozását… amíg meg nem érzed az egyre áradóbb öröm borzongását az egész testedben.

❖ ❖ ❖

Amikor a kirobbanó öröm borzongását érzed szétáradni szívedben és egész testedben, s az érzés még a meditációt követően is tovább fokozódik, akkor megkaptad az egyetlen cáfolhatatlan bizonyítékát annak, hogy Isten válaszolt neked szíved áhítatra hangolt rádióadóján keresztül.

❖ ❖ ❖

Őbenne megtalálod az összes emberszív minden szeretetét. Megleled a teljességet. Amit a világ adni tud neked – hogy azután visszavegye, és otthagyjon téged gyötrődve és kiábrándultan –, mindazt sokkalta nagyobb léptékben megtalálod Istenben anélkül, hogy a végén a bánat martalékául esnél.

❖ ❖ ❖

Ő égen-földön a legközelebbi és a legdrágább számodra. Úgy imádd Őt, miként fösvény a pénzét, miként szenvedély tüzelte férfi a kedvesét, fuldokló a levegőt. Amikor elég hőn sóvárogsz Isten után, el fog jönni hozzád.

❖ ❖ ❖

A Szívek Fürkészője egyedül őszinte szeretetedre vágyik. Olyan, miként a kisgyermek: felkínálhatja neki valaki az egész vagyonát, ám Ő ügyet sem vet rá; míg másvalaki csupán így kiált Őhozzá: „Ó, Uram, szeretlek!", s e hívének szívébe egykettőre beköltözik.

❖ ❖ ❖

Isten nem fogja kimondani neked, hogy mindenekfelett Őreá kell vágyakoznod, mivel azt akarja, hogy szereteted szabadon, „ösztökélés" nélkül áradjon felé. Mindössze ennyi a titka e világegyetem nagy játszmájának. Ő, aki megteremtett minket, sóvárog a szeretetünkre, és azt várja tőlünk, hogy a magunk jószántából, kérés nélkül sugározzuk azt Reá. A mi szeretetünk az egyetlen dolog, amelynek Isten nincs birtokában, hacsak mi úgy nem határozunk, hogy megajándékozzuk vele. Tehát, mint látod, még magának az Úrnak is el kell nyernie valamit: a mi

A legvégső cél

szeretetünket. Mi pedig mindaddig nem lehetünk boldogok, amíg meg nem adjuk Neki.

❖ ❖ ❖

A megtapasztalható legteljesebb szeretet meditáció közben tölti el az embert, amidőn eggyé válik Istennel. A lélek és a Szellem közötti szeretet a tökéletes szeretet, amelyet mindnyájan kerestek. Amikor meditáltok, a szeretetetek erősödik. Milliónyi remegés fut át szíveteken... Ha pedig mélyen elmerültök a meditációban, olyan áradó szeretet tölt el benneteket, hogy azt emberi nyelv le nem írhatja; megismeritek az Ő isteni szeretetét, és képesek lesztek e színtiszta szeretetet átadni másoknak is.

❖ ❖ ❖

Ha az isteni szeretetnek akár egyetlen szikráját képes lennél átérezni, oly túláradó – olyan elsöprő – volna örömöd, hogy nem is férne meg szívedben.

❖ ❖ ❖

Ha ráhangolódunk Istenre, érzékelésünk határtalanná válik, mindenhová behatol az Isteni Jelenlét óceánjának áramában. Amikor megismerjük a Szellemet, és megismerjük önmagunkat a Szellemként, nincs többé szárazföld és tenger, nincs föld és ég – hiszen minden Övele azonos. A mindenségnek ez az egybeolvadása a Szellemmel olyan állapot, amelyet senki nem képes leírni. Az embert mélységes üdvös boldogság járja át – az öröm, a tudás és a szeretet örökkévaló teljessége.

Ahol A Fény Honol

❖ ❖ ❖

Isten szeretete, a Szellem szeretete olyan erő, amely mindent felemészt. Ha egyszer megtapasztaltátok, mind tovább és tovább vezet benneteket az örökkévaló birodalmakban. E szeretettől sosem foszthatják meg többé a szíveteket. Mindenkor ott fog égni benne, és tüzében rá fogtok lelni a Szellem csodálatos delejességére, amely hozzátok húz másokat, és életetekbe vonzza mindazt, amire igazán szükségetek van, s amire szívből vágyakoztok.

Őszintén mondom néktek, hogy én minden kérdésemre választ kaptam, nem az emberektől, hanem Istentől. Ő *van*. Ő az, aki van. Az Ő szelleme szól hozzátok énrajtam keresztül. Az Ő szeretetét tolmácsolják szavaim. Egyik borzongás a másik után! Az Ő szeretete, miként lenge szellő, simítja végig lelketek. S az érzés nappal és éjjel, hétről hétre, esztendőről esztendőre egyre erősödik – az ember nem tudhatja, hol ér majd véget. És pontosan ezt keresitek ti, kivétel nélkül mindnyájan. Azt hiszitek, hogy az emberek szeretetére és jómódra vágytok, ám ezek hátterében a ti Atyátok szólít benneteket. Ha ráeszméltek, hogy Isten hasonlíthatatlanul többet ér az összes ajándékánál, akkor végre meg fogjátok lelni Őt.

❖ ❖ ❖

Az ember kizárólag azért jött e világra, hogy megtanulja, hogyan ismerheti meg Istent; ittlétének semmilyen egyéb oka nincs. Ez az Úr igaz üzenete. Mindazoknak, akik keresik és szeretik őt, az Úr mesél a ragyogó Életről, amelyben nem létezik fájdalom, sem öregkor, amelyben nincs sem háború, sem halál – csak

A legvégső cél

örökkévaló biztonság. Ebben az Életben semmi sem pusztul el. Csak a kimondhatatlan boldogság létezik, amelynek varázsa sosem kopik meg – e boldogság szüntelenül megújul.

Hát ezért érdemes Istent keresni. Mindazok, akik őszintén kutatják Őt, bizonnyal rátalálnak. Akik szeretni akarják az Urat, akik sóvárogva vágynak belépni az Ő országába, s akiknek szívbéli óhaja megismerni Őt, azok rá fognak lelni. Olyan vágyat kell táplálnotok magatokban Őutána, amely éjjel-nappal, örökké fokozódik. S Ő azzal fogja méltányolni szereteteteket, hogy az egész örökkévalóságon át teljesíti nektek tett ígéretét, és vég nélküli öröm és boldogság lészen osztályrészetek. Minden csupa fény, minden csupa öröm, minden csupa békesség és szeretet. És Ő minden.

IMÁDSÁGOK ÉS MEGERŐSÍTÉSEK

Taníts meg rá, hogy megleljem a Te jelenlétedet háborítatlan békességem oltárán, és a mély meditációból felbuzgó örömben.

❖ ❖ ❖

Áldj meg engem, hogy Reád lelhessek minden gondolat és tevékenység templomában. Ha megtalállak Téged bensőmben, akkor meglellek a külvilágban is, minden emberben és minden körülményben.

A szerzőről

„*Paramahansza Jógánanda életében tökéletes kifejezést nyert Isten szeretetének és az emberiség szolgálatának eszménye... Noha Jógánanda életének javarészét Indián kívül töltötte, azért méltán foglal helyet nagy szentjeink sorában. Munkássága folyamatosan gyarapszik, és egyre fényesebben ragyog, világszerte a Szellemhez vezető zarándok ösvényre vonzva az embereket.*"

– részlet India kormányának méltatásából a Paramahansza Jógánanda halálának huszonötödik évfordulójára készült emlékbélyeg kibocsátása alkalmával

Az 1893. január 5-én Észak-Indiában született Paramahansza Jógánanda egész életét annak szentelte, hogy segítsen a legkülönfélébb fajtájú és hitvallású embereknek életükben teljesebben megvalósítani és kifejezni az emberi szellem valódi szépségét, nemességét és isteni jellegét.

Miután 1915-ben diplomát szerzett a Kalkuttai Egyetemen, Srí Jógánanda letette az előírásos fogadalmakat India tiszteletreméltó szvámi szerzetesrendjének tagjaként. Két évvel később pedig megkezdte életművének felépítését egy „életvezetési" iskola megalapításával – amelyből azóta tizenhét oktatási intézmény sarjadt ki szerte Indiában –, ahol hagyományos egyetemi tárgyak tanítását ötvözték jógaképzéssel és spirituális eszmények oktatásával. 1920-ban Paramahansza Jógánanda meghívást kapott, hogy India küldötteként vegyen részt a Vallási Szabadelvűek Nemzetközi Kongresszusán Bostonban. Felszólalása a kongresszuson, illetve

A szerzőről

ezt követően a keleti parton tartott előadássorozata lelkes fogadtatásra talált, s így 1924-ben Srí Jógánanda az egész kontinenst átszelő előadókörútra indult.

A következő harminc év során Paramahansza Jógánanda széleskörűen hozzájárult, hogy a nyugati világ teljesebben tudatosítsa és megbecsülje a Kelet spirituális bölcsességét. Los Angelesben megnyitotta a Self-Realization Fellowship, az 1920-ban általa alapított nem szektariánus vallási társaság nemzetközi székházát. Írásai, hatalmas területeket átívelő előadókörútjai, valamint a számos Self-Realization Fellowship-templom és meditációs központ megalapítása révén igazságkeresők százezreit ismertette meg a jóga ősi tudományával és filozófiájával, illetve egyetemesen alkalmazható meditációs módszereivel.

A Paramahansza Jógánanda által megkezdett spirituális és humanitárius munkát napjainkban Csidánanda testvér, a Self-Realization Fellowship és az indiai Yogoda Satsanga Society elnöke, viszi tovább. Paramahansza Jógánanda könyveinek, előadásainak, egyéb írásainak és nem hivatalos beszédeinek – ideértve az otthoni tanulást elősegítő *Self-Realization Fellowship Leckék* átfogó sorozatát – kiadása mellett a társaság felügyel a világ számos pontján megtalálható templomra, elvonulóhelyre és meditációs központra, valamint a Self-Realization Fellowship szerzetesi közösségeire, továbbá irányítja az SRF Világméretű Imakörét.

Srí Jógánanda életéről és munkásságáról szóló cikkében dr. ifj. Quincy Howe, az ókori nyelvek professzora a Scripps Főiskolán, így írt: „Paramahansza Jógánanda nem csupán az Istenre eszmélés örök ígéretét hozta el Indiából a nyugati világ számára, hanem egy gyakorlati módszert is, amely révén a spirituálisan törekvők legkülönbözőbb társadalmi állású várományosai sebesen haladhatnak előre e cél felé. India spirituális öröksége, amelyet a nyugati világban eredetileg csak a legfennköltebb és legelvontabb szinten értékeltek, most végre gyakorlati tapasztalatként is rendelkezésére áll mindazoknak, akik nem a túlvilági életben, hanem itt és most akarják megismerni Istent... Jógánanda mindnyájunk számára elérhetővé tette az elmélyülés legmagasztosabb módszereit."

Paramahansza Jógánanda az *Egy jógi önéletrajza* című könyvében beszéli el élettörténetét és ismerteti tanításait (lásd 251. oldal). 2014 októberében mutatták be az *Awake: The Life of Yogananda* című díjnyertes dokumentumfilmet életéről és munkásságáról.

Paramahansza Jógánanda:
Egy Jógi az életben és a halálban

Paramahansza Jógánanda *mahászamádhija* (egy jógi végső, tudatos kilépése testéből) 1952.március 7-én történt Los Angelesben, Kaliforniában, miután befejezte beszédét India egyesült államokbeli nagykövete, Őexcellenciája Bináj R. Szen tiszteletére adott díszvacsorán.

A nagy világtanító nemcsak életében, hanem halálában is bemutatta a jóga (az Isteni Önmegvalósítás tudományos technikái) értékét. Arca hetekkel távozása után is változatlanul az elmúlhatatlanság isteni fényét sugározta.

Mr. Harry T. Rowe, a Los Angeles-i Forest Lawn Memorial Park (temető, ahol a nagy mester testét ideiglenesen elhelyezték) igazgatója közjegyző által hitelesített levelet küldött a Self-Realization Fellowship részére, amelyben az alábbi szemelvények olvashatók:

„Az a tény, hogy Paramahansza Jógánanda holtteste az oszlásnak semmilyen látható jelét nem mutatta, pályafutásunk legrendkívülibb esetét jelenti…. A testen fizikai a bomlás jeleit nem észleltük, még húsz nappal a halál bekövetkezése után sem…. A bőr nem kezdett el penészedni, a testszövetek nem kezdtek el kiszáradni. Egy halott ilyen tökéletes állapotban való fennmaradása, a rendelkezésünkre álló temetkezési évkönyvek tanúságai szerint páratlan…. A halottasház személyzete Jógánanda átvételekor arra számított, hogy a holttesten az dekompozíció előrehaladtának szokásos jeleit fogják látni a koporsó üvegfedelén keresztül. A napok múlásával megdöbbenésünk egyre növekedett, hogy az elhunyton változást nem tapasztalunk. Jógánanda földi porhüvelye egyértelműen az állandóság különleges állapotában volt..."

"Testéből soha nem áradt bomlásra utaló szag.... Jógánanda kinézete március 27-én, mielőtt koporsójára helyeztük a bronz fedőt, pontosan olyan volt, mint március 7-én. Március 27-én éppolyan friss volt, mint eltávozásának estéjén. A halál nem fogott rajta. Március 27-én nem volt okunk azt állítani, hogy a holtteste az oszlásnak bármely látható jelét mutatta volna. Ezért még egyszer kijelentjük, hogy Paramahansza Jógánanda esete praxisunkban egyedülálló."

További Források
Paramahansza Jógánanda
Krijá-Jóga tanításaihoz

A Self-Realization Fellowship elkötelezetten és önzetlenül segíti világszerte az istenkeresőket. Információkért az évenként megrendezésre kerülő nyilvános előadásainkról, tanfolyamainkról, valamint a világszerte megtalálható templomainkban és központjainkban tartott meditációkról, lelkesítő istentiszteleteinkről, meditációs hétvégéink időpontjairól, és más tevékenységeinkről, kérjük látogassa meg Nemzetközi Központunk honlapját:

www.yogananda.org

Self-Realization Fellowship
3880 San Rafael Avenue
Los Angeles, CA 90065-3219
+1 (323) 225-2471

A Self-Realization Fellowship Leckéi

Személyes útmutatás és oktatás Paramahansza Jógánandától a jóga-meditáció technikáival és a spirituális élet alapelveivel kapcsolatban

Ha vonzódást érzel Paramahansza Jógánanda spirituális tanításaihoz, arra buzdítunk, hogy iratkozz fel a *Self-Realization Fellowship Leckéire.*

Paramahansza Jógánanda azért alkotta meg ezt az otthoni tanulásra szánt sorozatot, hogy lehetőséget biztosítson az őszinte istenkeresőknek ama ősi jógameditációs technikák – többek között a *Krijá jóga* tudományának – elsajátítására és gyakorlására, amelyeket elhozott a nyugati világ számára. A *Leckék* egyben Srí Jógánanda gyakorlati útmutatásait is tartalmazzák kiegyensúlyozott testi, szellemi és spirituális jólétünk eléréséhez.

A *Self-Realization Fellowship Leckéi* jelképes összegért (amely a nyomda- és postaköltségeket fedezi) szerezhetők be. A *Self-Realization Fellowship* szerzetesei és apácái minden tanulónak örömmel és szabadon nyújtanak személyes útmutatást gyakorlataik végzéséhez.

További információkért...

A Leckéket bemutató ingyenes, teljes körű ismertető csomagot a www.srflessons.org oldalon igényelheted.

A
Self-Realization Fellowship
Céljai és Ideáljai

ahogyan azt az alapító, Paramahansza Jógánanda meghatározta
Csidánanda testvér, elnök

Elterjeszteni a világon az Isten közvetlen, személyes megtapasztalására alkalmas pontos, tudományos gyakorlatok ismeretét.

Megtanítani, hogy az emberi élet célja korlátolt, halandó tudatosságunk önerőből történő fejlesztése az Istentudatig; és e célból Self-Realization Fellowship templomok alapítása szerte a világon, amelyek az Istennel való egyesülés szentélyei; valamint az embereket arra bátorítani, hogy létesítsenek az Istennek személyes templomokat otthonaikban és szívükben.

Felfedni a Jézus Krisztus által tanított eredeti Kereszténység, és a Bhagaván Krisna által tanított eredeti Jóga egymással való tökéletes harmóniáját és alapvető egységét; és megmutatni, hogy az igazságnak ezen alapelvei minden igaz vallás közös, tudományos alapját képezik.

Rámutatni az isteni országútra, amelybe végül minden igaz hit ösvénye belefut: az Istenen való napi, tudományos, áhítatos meditáció országútjára.

Megszabadítani az embert háromrétű szenvedésétől: fizikai betegségeitől, mentális diszharmóniájától és spirituális tudatlanságától.

Bátorítani az „egyszerű életet és magasztos gondolkodást"; és a világ népei között terjeszteni a testvériség szellemiségét egységük örök alapjának hirdetése által: hogy mindnyájan Isten gyermekei vagyunk.

Bizonyítani az elme fölényét a test felett, valamint a lélek felsőbbrendűségét az elme felett.

Legyőzni a gonoszt jósággal, a szomorúságot örömmel, a kegyetlenséget kedvességgel, és a tudatlanságot bölcsességgel.

Egyesíteni a tudományt és a vallást alapelveik egységének felismerése által.

Előmozdítani a Kelet és Nyugat közötti kulturális és spirituális megértés kialakulását, és a legkülönlegesebb tulajdonságaik kölcsönös elsajátítását.

Szolgálni az emberiséget, mint saját tágabb Énünket.

A Self-Realization Fellowship további kiadványai...
Egy Jógi Önéletrajza

E sokat méltatott önéletrajz korunk egyik legkiemelkedőbb spirituális alakjának lenyűgöző portréja. Paramahansza Jógánanda lebilincselő őszinteséggel, eleganciával és kifinomult humorral beszéli el élete lenyűgöző krónikáját: rendkívüli gyermekkora élményeit, ifjúkori találkozásait számtalan szenttel és bölccsel mialatt Indiát keresztül-kasul bejárva egy megvilágosodott tanítót keresett; tíz évig tartó kiképzését egy nagy tiszteletben álló jóga mester rendházában, valamint Amerikában töltött harminc évét és ottani tanítói munkásságát. A könyv megörökíti Jógánanda találkozását Mahátma Gandhival, Rabindranath Tagoréval, Luther Burbankkel, a katolikus stigmatizált Neumann Terézzel, továbbá a Kelet és Nyugat más ünnepelt spirituális személyiségeivel.

Az Egy jógi önéletrajza ötvözi egy rendkívüli élet gyönyörűen megírt történetét az ősi Jóga tudományba és ennek időtlen meditációjába való mélyreható bevezetéssel. A szerző szabatosan taglalja mind a hétköznapi történések mind pedig a csodáknak titulált rendkívüli események mögött megbúvó láthatatlan, ám egzakt törvényeket. Lebilincselő élettörténete ily módon válik hátterévé egy mélyreható és felejthetetlen bepillantásnak az emberi létezés végső misztériumaiba.

A több mint ötven nyelvre lefordított művet korunk spirituális klasszikusaként tartják számon, és széles körben használják a főiskolákon és egyetemeken, mint tankönyvet és szakirodalmat. Az *Egy jógi önéletrajza*, amely hetven évvel ezelőtti első kiadása óta örökös bestseller, megtalálta az útját olvasók millióinak szívébe szerte a világon.

„Ritka értékes beszámoló."
— ***The New York Times***

„Lenyűgöző és világos magyarázatokkal ellátott tanulmány."
— ***Newsweek***

„Mindezidáig nem látott napvilágot angolul vagy más európai nyelven a Jóga ehhez fogható bemutatása."
— ***Columbia University Press***

Paramahansza Jógánanda könyvei magyar nyelven

Egy Jógi Önéletrajza

A siker törvénye

Így beszélhetünk Istennel

Tudományos gyógyító megerősítések

Metafizikai meditációk

A vallás tudománya

Hogyan élhetsz félelem nélkül:
Állítsd csatasorba belső erőtartalékaidat

Belső béke:
A nyugodalmas tevékenység és a tevékeny nyugalom művészete

Paramahansza Jógánanda mondásai

Ahol A Fény Honol:
Felismerések és ösztönzés az élet kihívásaihoz

Self-Realization Fellowship
3880 San Rafael Avenue • Los Angeles, California 90065-3219
Telefon: +1 (323) 225-2471 • *Fax: +1* (323) 225-5088
www.yogananda.org

Paramahansza Jógánanda könyvei angol nyelven

Kaphatóak a www.srfbooks.org weboldalán
és más internetes könyvesboltokban

Autobiography of a Yogi (Egy jógi önéletrajza)

Autobiography of a Yogi
(Egy jógi önéletrajza, hangoskönyv, felolvassa Sir Ben Kingsley)

God Talks with Arjuna: The Bhagavad Gita –
Új fordítás és magyarázat

The Second Coming of Christ:
The Resurrection of the Christ Within You –
Jézus eredeti tanításának kinyilatkoztató magyarázata

The Yoga of the Bhagavad Gita

The Yoga of Jesus

The Collected Talks and Essays
Volume I: Man's Eternal Quest
Volume II: The Divine Romance
Volume III: Journey to Self-Realization

Wine of the Mystic:
The Rubaiyat of Omar Khayyam
— Egy spirtuális értelmezés

The Science of Religion

Whispers from Eternity

Songs of the Soul

Sayings of Paramahansa Yogananda

Scientific Healing Affirmations

In the Sanctuary of the Soul:
Útmutató a hatékony imádsághoz

Inner Peace

How Can You Talk With God

Metaphysical Meditations

The Law of Success

Cosmic Chants

Paramahansza Jógánanda Hangfelvételei

Beholding the One in All

The Great Light of God

Songs of My Heart

To Make Heaven on Earth

Removing All Sorrow and Suffering

Follow the Path of Christ, Krishna, and the Masters

Awake in the Cosmic Dream

Be a Smile Millionaire

One Life Versus Reincarnation

In the Glory of the Spirit

Self-Realization: The Inner and the Outer Path

A Self-Realization Fellowship Egyéb Kiadványai

The Holy Science
Szvámi Srí Juktésvartól

Only Love:
Living the Spiritual Life in a Changing World
Srí Dájá Matától

Finding the Joy Within You:
Personal Counsel for God-Centered Living
Srí Dájá Matától

God Alone:
The Life and Letters of a Saint
Srí Gjánamatától

"Mejda":
The Family and the Early Life of Paramahansa Yogananda

Szánanda Lal Goshtól

Self-Realization
(Paramahansza Jógánanda által 1925-ben alapított magazin)

DVD (Dokumentumfilm)

Awake:
The Life of Yogananda
A CounterPoint Films gyártásában

A teljes könyv-, hang- és képfelvétel-katalógus – köztük Paramahansza Jógánanda ritka archív felvételei hozzáférhetők a www.srfbooks.org weboldalon.

Self-Realization Fellowship
3880 San Rafael Avenue • Los Angeles, CA 90065-3219
TEL +1 (323) 225-2471 • FAX +1 (323) 225-5088
www.yogananda.org

Szójegyzék

asztrális világ: Az anyag fizikai tartományán túl létezik a fény és energia kifinomult asztrális világa, valamint a gondolat kauzális vagy ideavilága. A fizikai sík minden élőlényének, minden tárgyának és minden rezgésének megvan a maga asztrálmegfelelője, ugyanis az asztrális univerzumban (mennyország) található az anyagi mindenség „alapmintája". Az egyén halálakor leveti földi porhüvelyét, azonban továbbra is beburkolja asztrális fényteste (amely megjelenésében hasonló hátrahagyott, földi formájához) és kauzális gondolatteste. Majd felemelkedik az asztrálvilág számos rezgési tartományának egyikébe („Az én Atyámnak házában sok lakóhely van." Ján 14:2), hogy e kifinomult birodalom teljesebb szabadságában folytassa spirituális fejlődését, s itt is marad egy karmája által előre meghatározott időszakon át egészen a testi újjászületéséig *(lásd reinkarnáció)*.

aum (óm): A szanszkrit szótő vagy gyökérhang az Istenségnek azt az aspektusát jelképezi, amely minden dolgot megteremt és fenntart: a Kozmikus Rezgést. A Védák *aum*jából alakult ki a tibetiek szent *hum* szava, a mohamedánoknál az ámin, illetve az egyiptomiaknál, görögöknél, rómaiaknál, zsidóknál és keresztényeknél az ámen szó. A világ nagy vallásai kinyilvánítják, hogy minden teremtett dolog az *aum* vagy ámen kozmikus rezgési energiájából eredeztethető, amely a Szentlélek Igéje. „Kezdetben vala az Ige, és az Ige vala az Istennél, és Isten vala az Ige... Minden ő általa [az Ige, avagy az *aum* által] lett, és nála nélkül semmi sem lett, ami lett." (Ján 1:1–3)

Héberül az ámen jelentése „bizonyos, hű". „Ezt mondja az Ámen, a hű és igaz bizonyság, az Isten teremtésének kezdete." (Jel 3:14) Ahogyan egy járó motor rezgései hangot adnak, úgy az *aum* mindenütt jelenlévő hangja is híven tanúsítja a „Kozmikus Motor" működését, amely rezgési energiája révén az élet egészét és a teremtés minden egyes részecskéjét fenntartja. A *Self-Realization Fellowship Lessons*-ben *(lásd később)* Paramahansza Jógánanda olyan meditációs technikákat tanít, amelyek gyakorlása Isten *aum*ként, avagy a Szentlélekként való, közvetlen megtapasztalásához vezet. Ez az üdvös boldogságot hozó eggyé válás a láthatatlan isteni Hatalommal („ama vigasztaló, a Szent Lélek" Ján 14:26) az imádság igazán tudományos alapja.

avatár: Isteni megtestesülés; a szanszkrit *avatárá*ból, amelynek tövei az *ava* vagyis „le", valamint a *trí*, vagyis „vonul" szavak. Azt a személyt nevezik avatárnak, aki eljut a Szellemmel való egyesülésig, majd visszatér a földre az emberiség megsegítésére.

Bhagavad-gítá: „Az Úr éneke." Ősi, indiai szentírás, amely a *Mahábhárata* című eposz tizennyolc fejezetét tartalmazza. A dialógusformában bemutatott Bhagavad-gítá – a párbeszédet a történelmi jelentőségű kuruksetrai csata előestéjén folytatja az Úr Krisna, az avatár *(lásd előbb)* és tanítványa, Ardzsuna – mélyenszántó értekezés a jóga (az Istennel való egyesülés) tudományáról, s egyben a mindennapi életben elérhető boldogság és siker időtlen receptje. Mahátma Gandhi így írt erről az egyetemes érvényű, szent szövegről: „Akik hajlandóak meditálni a Bhagavad-gítán, nap mint nap friss örömöt és új értelmezéseket meríthetnek belőle. Nincs olyan spirituális csomó, amelyet a Gítá ne lenne képes kibogozni."

A könyvünk szövegében és a lábjegyzeteiben szereplő idézetek Paramahansza Jógánanda saját fordításából származnak, amelyeket bizonyos esetekben szó szerint, máskor pedig magyarázó átiratként ültetett át a szanszkrit eredetiből.

Bhagaván Krisna: Avatár *(lásd előbb)*, aki az ősi Indiában élt korszakokkal a keresztény időszámítás előtt. A hindu szentírásokban a *Krisna* szónak tulajdonított egyik jelentés a „Mindentudó Szellem". Ekként a *Krisna* – a *Krisztus*hoz hasonlóan – olyan cím, amely az avatár spirituális jelentőségét, Istennel való egységét fejezi ki (lásd *Krisztus-tudat*). A *bhagaván* cím „urat" jelent.

csakrák: A jóga szerint az élet és a tudat hét okkult központja a hátgerincben és az agyban, amelyek életerővel hatják át az ember fizikai- és asztráltestét. E központokat azért nevezzük csakráknak („kerekek"), mert kerékagyszerűen koncentrálják, és küllőkként sugározzák szét az

Szójegyzék

életadó fényt és energiát. A csakrák emelkedő sorrendben a következők: *múladhára* (a farkcsonti központ a gerinc tövénél); *szvádhisthána* (keresztcsonti központ öt centiméterre a *múladhára* felett); *manipúra* (az deréktáji központ, a köldökkel átellenben), az *anáhata* (a háti központ, a szív mögött), a *visuddha* (nyaki központ, a nyak tövénél); az ádzsnyá (hagyományosan a szemöldökök közé helyezik; valójában a polaritás révén közvetlen összeköttetésben áll a nyúltaggyal; *lásd még nyúltagy* és *spirituális szem);* valamint a *szahaszrára* (a nagyagy legfelső részén).

E hét központ megannyi isteni tervezésű kijárat avagy „csapóajtó", amelyeken át a lélek aláereszkedett a testbe, és amelyeken keresztül a meditáció módszere révén újra fel kell emelkednie. A lélek hét egymást követő lépés révén szabadulhat meg a Kozmikus Tudatba. Miközben tudatosan véghalad felfelé a hét megnyílt vagy „feleszmélt" agyi-hátgerinci központon, a Végtelenhez vezető utat járja be – az igaz nyomvonalat, amelyen érkezett, s amelyet visszafelé végigkövetve végül egyesül Istennel.

A jógáról szóló értekezések rendszerint csak a hat alsóbb központot tekintik *csakrák*nak, s a *szahaszrárá*t külön említik a hetedik központként. Mindazonáltal valamennyi központra gyakran hivatkoznak lótuszvirágként, amelynek szirmai kinyílnak, avagy felfelé széttárulnak a spirituális eszmélés folyamán, miközben az életerő és a tudat végig áramlik felfelé a gerincoszlop mentén.

egoizmus: Az ego-elv, szanszkritul *ahamkára* (szó szerint „én teszem"), amely az alapvető oka a dualitásnak, vagyis az ember és Teremtője látszólagos elkülönültségének. Az *ahamkára* a *májá (lásd később)* uralma alá hajtja az emberi lényeket, miáltal a lélek csalókán a testtudat korlátaival azonosul, és megfeledkezik Istennel, az Egyedüli Cselekvővel alkotott egységéről. *(Lásd Én.)*

Én: Nagybetűvel kezdve az átmant vagy lelket, az ember isteni lényegét jelöli, ellentétben a közönséges énnel, amely az emberi személyiség vagy ego. Az Én maga az egyénített Szellem, amelynek lényegi természete az örökké létező, örökké tudatos és örökké megújuló Üdvös Boldogság.

Az Én, avagy lélek a kútfeje az ember bensőjében a szeretetnek, a bölcsességnek, a békességnek, a bátorságnak, az együttérzésnek és az összes többi isteni tulajdonságnak.

guru: Spirituális tanító. Noha a *guru* szót gyakran tévesen – egyszerűen bármely tanítóra vagy oktatóra vonatkoztatva – használják, a valódi Isten által megvilágosított guru olyan egyén, aki az önmaga feletti uralom megvalósítása során ráeszmélt a mindenütt jelenlévő Szellemmel való azonosságára. Egy ilyen tanító különleges, egyedi felhatalmazással és felkészültséggel bír, hogy az istenkeresőt vezesse az istenségre eszmélés belső útján.

Istenanya (Isteni Anya): Istennek az az aspektusa, amelyik tevékenyen részt vesz a teremtésben; a Transzcendens Teremtő *shakti*ja, avagy hatalma. Az Istenség eme aspektusának más megnevezései: Természet vagy *Prakriti, aum,* Szentlélek, Kozmikus Intelligens Rezgés. Ez egyben Isten személyes aspektusa Anyaként, aki az Úr szeretetét és együtt érző tulajdonságait testesíti meg.

A hindu szentírások azt tanítják, hogy az Isten egyszerre immanens és transzcendens, személyes és személytelen. Kereshetjük Őt az Abszolútumként, valamint kinyilvánított, örökkévaló tulajdonságainak egyikeként, amilyen a szeretet, a bölcsesség, az üdvös boldogság, a fény; avagy olyan fogalmakban, mint a Mennyei Atya, Anya, Barát.

jóga: A szanszkrit *judzs,* azaz „egyesülés" szótőből származik. A jóga az egyéni lélek egyesülését jelenti a Szellemmel; és egyben azokat a módszereket, amelyek révén e cél elérhető. A jógának különböző típusai léteznek; a Self-Realization Fellowship a *Rádzsa-jógát,* a „királyi" avagy „teljes" jógát oktatja, amelyre Bhagaván Krisna is tanít a Bhagavad-gítában. A bölcs Patandzsali, aki a jóga legkiválóbb magyarázója volt az ősi időkben, nyolc konkrét lépést vázolt fel, amelyek révén a *Rádzsa-jógi* eléri a *szamádhi*t, vagyis az Istennel való egyesülést. Ezek a következők: (1) *jáma,* erkölcsös viselkedés; (2) *nijáma,* vallási szertartások; (3) ászana, helyes testtartás a test nyughatatlanságának elcsitítására; (4) *pránájama,* a *prána,* az életerő finom áramlatainak szabályozása; (5) *pratjáhára,* a

Szójegyzék

figyelem befelé fordítása; (6) *dháraná,* összpontosítás; (7) *dhjána,* meditáció; és (8) *szamádhi,* szupertudatos megtapasztalás.

jógi: A jóga *(lásd előbb)* gyakorlója. A jógi egyaránt lehet házas vagy egyedülálló, világi kötelezettségeknek élő személy, vagy olyasvalaki, aki letette az előírásos vallási fogadalmakat.

karma: Jelenlegi vagy korábbi életeinkben elkövetett, múltbéli cselekedeteink hatásai; a szanszkrit *krí,* azaz „tenni" szótőből. A karma kiegyensúlyozó törvénye a hatás és ellenhatás, ok és okozat, a „ki mint vet, úgy arat" elvén alapul. A természet igazságosságából kifolyólag minden ember a maga sorsának kovácsa gondolatai és cselekedetei révén. Bármilyen energiákat hozott is működésbe ő maga bölcsességében vagy balgaságában, azoknak vissza kell térniük hozzá mint kiindulópontjukhoz, egyfajta kérlelhetetlenül bezáródó körként. A karmának az igazság törvényeként való felfogása arra szolgál, hogy megszabadítsa az emberi elmét az Istennel és az emberekkel szemben táplált neheztelésől. A karma megtestesülésről megtestesülésre követi az egyént, amíg csak be nem teljesedik, vagy az illető spirituálisan felül nem emelkedik rajta. *(Lásd reinkarnáció.)*

Kozmikus Tudat: Az Abszolútum; a teremtett világon túli Szellem. A *szamádhi*-meditáció állapota, amelyben eggyé váltunk Istennel mind a rezgésalapú, teremtett világban mind pedig azon túl.

Krijá-jóga: Szent, spirituális tudomány, amelyet évezredekkel ezelőtt alkottak meg Indiában. Bizonyos meditációs *(lásd később)* technikákat foglal magában, amelyeknek odaadó gyakorlása Isten közvetlen, személyes megtapasztalásához vezet. A *Krijá* a *Rádzsa-jóga* („királyi" vagy „teljes" jóga) egy formája, amelyet maga Krisna is magasztal a Bhagavad-gítában, akárcsak Patandzsali a *Jóga-szútrák*ban. A *Krijá-jógá*t korunkban Mahávatár Bábádzsí *(lásd később)* keltette új életre, aki Paramahansza Jóganandát választotta ki a feladatra, hogy a szent tudományt világszerte hozzáférhetővé tegye, valamint megalapítson egy társaságot annak biztosítására, hogy a *Krijá-jóga* színtiszta formában fennmaradjon a jövendő nemzedékek számára. A *Krijá-jóga* részletes ismertetésre kerül az *Egy jógi önéletrajza* 26. fejezetében, és a *Self-Realization Fellowship Lessons* azon tanulmányozóinak is oktatják, akik teljesítenek bizonyos spirituális követelményeket.

Krisna: Lásd *Bhagaván Krisna*.

Krisztus-középpont: Az összpontosítás és akarat központja a testben, a szemöldökök közötti pontban. A Krisztus-tudat *(lásd később)* és a spirituális szem *(lásd később)* székhelye.

Krisztus-tudat: A „Krisztus", avagy „Krisztus-tudat" Isten kivetített tudata, amely az egész teremtésben benne rejlik. A keresztény szentírásban az „egyszülött fiúnak" nevezik, vagyis az Atyaisten egyedüli színtiszta tükörképének a teremtett világban; a hindu szentírásban *Kutasztha Csaitanjá*nak, vagyis a Szellem kozmikus intelligenciájának hívják, amely mindenütt jelen van a teremtésben. Ez az egyetemes tudat, az Istennel alkotott egység, amelyet Jézus Krisztus, Krisna és a többi avatár kinyilvánított. A nagy szentek és jógik a *szamádhi (lásd később)* meditációs állapotaként ismerik, amelyben tudatuk azonosul a teremtés minden egyes részecskéjében benne rejlő intelligenciával; ekkor az egész világmindenséget a saját testükként érzékelik.

Láhíri Mahásaja: A *Láhíri* volt Sjáma Csaran Láhíri (1828–1895) családi neve, a *Mahásaja* pedig egy szanszkrit vallási cím, amelynek jelentése „hatalmas gondolkodó". Láhíri Mahásaja Mahávatár Bábádzsí tanítványa és Szvámi Srí Juktésvar (a Paramahansza Jógánandát tanító guru) guruja volt. Őelőtte tárta fel Bábádzsí a *Kríjá-jóga (lásd előbb)* ősi, csaknem elfeledett tudományát. Mint a jóga újjáélesztésének központi alakja a modern Indiában, Láhíri Mahásaja számtalan hozzá forduló istenkeresőt ajándékozott meg útmutatásaival és áldásával, kasztra és felekezetre való tekintet nélkül. Csodálatos erőkkel bíró, krisztusi tanító volt ő, de egyben családapa is üzleti kötelezettségekkel, aki megmutatta a modern világnak, hogyan alakítható ki egy eszményien kiegyensúlyozott életforma a meditációnak és a világi kötelességek helyes teljesítésének ötvözésével. Láhíri Mahásaja életét Srí Jógánanda *Egy jógi önéletrajza* című művében írja le.

Szójegyzék

Mahávatár Bábádzsí: A halhatatlan *mahávatár* („nagy avatár"), aki 1861-ben megtanította a *Kirjá-jógá*t Láhíri Mahásajának, és ezáltal visszaadta a világnak ezt az évszázadok óta feledésbe merült, spirituális tudományt. Életéről és spirituális küldetéséről további részletek találhatók az *Egy jógi önéletrajza* című műben. *(Lásd avatár.)*

májá: A teremtés struktúrájában szervesen benne rejlő, csalóka erő, amelynek révén az Egyetlen sokfélének tűnik. A *májá* a viszonylagosság, a fordítottság, a kontraszt, a kettősség, az ellentétes állapotok elve; az ószövetségi próféták „Sátánja" (szó szerinti jelentése a héberben „az ellenség"); illetve az az „ördög", akit Krisztus szemléletesen „emberölőként" és „hazugként" jellemzett, mivel „nincsen ő benne igazság" (Ján 8:44).

Paramahansza Jógánanda így írt a *májá*ról:

„A szanszkrit *májá* szó jelentése »a mérő«; ez az a varázslatos erő a teremtett világban, amely révén a korlátok és a megosztottság látszólag jelen vannak a Mérhetetlenben és Szétválaszthatatlanban. A *májá* a Természet maga – a jelenségek világai, amelyek a szüntelen változás átmeneti állapotában leledzenek az Isteni Változhatatlanság antitéziseként.

Isten tervében és játékában *(lílá)* a Sátán, avagy *májá* egyetlen szerepe az, hogy megkísérelje eltéríteni az embert a Szellemtől az anyaghoz, a Valóságtól a valótlansághoz. »Az ördög kezdettől fogva bűnben leledzik. Azért jelent meg az Istennek fia, hogy az ördög munkáit lerontsa.« (1 Ján 3:8) Ez annyit jelent, hogy a Krisztus-tudat megnyilvánulása az ember saját lényében erőfeszítés nélkül lerombolja az illúziókat, avagy »az ördög munkáit«.

A *májá* a mulandóság fátyla a Természetben, a teremtés szakadatlan kibontakozása; a fátyol, amelyet minden embernek fel kell emelnie, hogy mögötte megpillanthassa a Teremtőt, a változhatatlan Állandót, az örökkévaló Valóságot.

Az ember is képes megteremteni az anyagot és a tudatot az álmok csalóka világában; következésképpen nem eshet nehezére felfogni, hogy a Szellem a *májá* erejét felhasználva megteremtette az ember számára az »élet«, avagy a tudatos létezés álomvilágát, amely lényegében éppolyan hamis (lévén kérészéletű, örökké változó), amilyenek az álomállapotban átélt élmények... Az ember halandó aspektusában a kettősségekről és ellentétekről álmodik: életről és halálról, egészségről és betegségről, boldogságról és szomorúságról; amikor azonban lélektudatára ébred, minden kettősség tovatűnik, és ő végre megismeri önmagát mint az örökkévaló és üdvös boldogságban létező Szellemet."

meditáció: Összpontosítás Istenre. A kifejezést általános értelemben bármely olyan technika gyakorlásának megjelölésére használják, amelynek célja a figyelem befelé fordítása és ráirányítása Isten valamely aspektusára. Konkrétabban a meditáció az ilyen technikák sikeres gyakorlásának végeredményét jelenti: Isten közvetlen megtapasztalását intuitív észlelés útján. Ez a hetedik lépés *(djána)* a jóga Patandzsali által leírt, nyolcas ösvényén, amely csak azután tehető meg, hogy az ember eljutott a rezzenetlen, benső összpontosításig, amelynek köszönhetően a külvilág érzékleti benyomásai immár a legcsekélyebb mértékben sem háboríthatják. A legmélyebb meditáció állapotában az ember megtapasztalja a jóga ösvényének nyolcadik lépését: a *szamádhi*t *(lásd később),* az Istennel való egyesülést, egységet. *(Lásd továbbá jóga.)*

nyúltagy: Az életerő *(prána)* elsődleges belépési pontja a testbe; a hatodik agyi-hátgerinci központ, amelynek feladata fogadni és irányítani a kozmikus energia beérkező áradatát. Az életerő a hetedik központban *(szahaszrára)* raktározódik, amely a nagyagy legtetején helyezkedik el, s innen jut el a test legkülönbözőbb részeibe. A nyúltagyban található finom energiaközpont a főkapcsoló, amely az életerő fogadását, raktározását és elosztását irányítja.

Önmagunkra, avagy Énünkre eszmélés, Önmegvalósítás: Paramahansza Jógánanda a következőképpen határozta meg ezt a fogalmat: „Az Önmagunkra eszmélés annak tudatosítása – a testben, az elmében és a lélekben –, hogy egyek vagyunk Isten mindenütt jelenvalóságával; hogy nem kell imádkoznunk ennek eljöveteléért, hogy nem pusztán a közelében vagyunk mindenkor, hanem Isten mindenütt jelenvalósága a mi mindenütt jelenvalóságunk; hogy már most is éppannyira az Ő

Szójegyzék

részei vagyunk, amennyire valaha leszünk. Nekünk mindössze annyi a teendőnk, hogy elmélyítsük magunkban ezt a tudást."

Paramahansza: Vallási cím; olyan embert jelöl, aki eljutott az Istennel folytatott zavartalan, benső érintkezés legmagasabb rendű állapotáig. E címet kizárólag valódi guru adományozhatja egy érdemesült tanítványnak. Szvámi Srí Juktésvar 1935-ben ruházta a címet szeretett tanítványára, Jógánandára. A *Paramahansza* név szó szerinti jelentése „legmagasztosabb hattyú". A *hansza,* avagy „hattyú" a hindu szentírásokban a spirituális tisztánlátást jelképezi.

prána: Életenergia vagy életerő. Intelligens, az atominál finomabb energia; a fizikai kozmosz életelve, és az asztrálvilág *(lásd előbb)* alapvető szubsztanciája. A fizikai világban kétféle *prána* létezik: (1) a kozmikus rezgési energia, amely a világegyetemben mindenütt jelen van, s minden létezőt rendszerez és fenntart; és (2) a konkrét *prána,* avagy energia, amely minden emberi testet áthat és éltet.

Rádzsa-jóga: Az Istennel való egyesülés „királyi" vagy legmagasabb rendű útja. E jógaág a tudományos *meditációt,* mint az Istenre eszmélés végső eszközét oktatja, s a jóga valamennyi egyéb formájának legértékesebb és legfontosabb elemeit magába foglalja. A *Self-Realization Fellowship Rádzsa-jóga*-tanításai egy olyan életmódot körvonalaznak, amely a *Krijá-jóga-meditációra* mint alaptechnikára építve a test, az elme és a lélek maradéktalan kibontakozását eredményezi. *(Lásd még jóga.)*

reinkarnáció: Tantétel, miszerint az emberi lények a fejlődés törvényének engedelmeskedve fokról fokra mind magasabb rendű életformában testesülnek meg – miközben a rosszcselekedetek és helytelen vágyak visszavetik, míg a spirituális törekvések előbbre viszik őket fejlődésükben –, amíg csak el nem jutnak az Önmagukra eszmélés és az Istennel való egyesülés állapotáig. Miután ekként felülemelkedett a halandó tudat korlátain és tökéletlenségein, a lélek örökre megszabadul a kényszerű reinkarnációtól. „A ki győz, oszloppá teszem azt az én Istenemnek templomában, és többé onnét ki nem jő." (Jel 3:12)

A reinkarnáció tana nem kizárólagosan a keleti filozófiára jellemző, hanem számos ősi civilizáció alapvető életigazságnak tartotta. A korai keresztény egyház is elfogadta a lélekvándorlás elgondolását, amelyet a gnosztikusok és számos egyházatya egyaránt részletesen ismertettek – köztük Alexandriai Klement, Órigenész és Szent Jeromos. A doktrínát csupán a Kr. u. 553-ban megtartott második konstantinápolyi zsinat törölte ki hivatalosan az egyház tanításai közül. Manapság számos nyugati gondolkodó kezdi magáévá tenni a karma *(lásd előbb)* törvényéről és a reinkarnációról alkotott elgondolást, mivel az élet látszólagos egyenlőtlenségeinek elegáns és megnyugtató magyarázatát látják benne.

Self-Realization Fellowship: A társaság, amelyet Paramahansza Jógánanda 1920-ban alapított meg az Egyesült Államokban (Yogoda Satsanga Society néven pedig Indiában 1917-ben) azzal a céllal, hogy világszerte elterjessze a *Krijá-jóga (lásd előbb)* spirituális elveit és meditációs technikáit. (Lásd még „A Szerzőről" című részt, 242. oldal.) Mint Paramahansza Jógánanda kifejtette, a *Self-Realization Fellowship* jelentése „közösség Istennel az Önmagunkra eszmélés révén, és barátság minden igazságkereső lélekkel". (Lásd még „A *Self-Realization Fellowship* céljai és ideáljai című részt, 249. oldal.)

Self-Realization Fellowship Lessons: Paramahansza Jógánanda tanításai egyetlen teljes körű, otthoni tanulmányozásra szánt leckesorozatba gyűjtve, amelyet szerte a világon elérhetővé tettünk az őszinte igazságkeresők számára. E leckék tartalmazzák a Paramahansza Jógánanda által tanított jóga-meditációs technikákat, többek között – mindazok számára, akik eleget tesznek bizonyos követelményeknek – a *Krijá-jógá*t *(lásd előbb)*. A *Lessons*-zel kapcsolatban kérésedre további tájékoztatást kaphatsz a *Self-Realization Fellowship* Nemzetközi Központjától.

spirituális szem: Az intuíció és a mindenütt jelenlévő érzékelés egyetlen szeme a Krisztus- *(Kutasztha)* középpontban *(lásd előbb) (adzsna-csakra)*, a szemöldökök között; az istentudat végső állapotaiba történő belépés helye. Jézus a spirituális szemmel érzékelhető isteni világosságra utalt következő szavaival: „Ha azért a te szemed őszinte, a te egész tested is világos lesz… Meglásd azért, hogy a világosság, mely te benned van, sötétség ne legyen." (Luk 11:34–35)

Szójegyzék

Srí Juktésvar, Szvámi: (1855–1936). A modern India krisztusi mestere; Paramahansza Jógánanda guruja; és a *The Holy Science*, a keresztény és hindu szentírások alapvető egységéről szóló értekezés szerzője. Srí Juktésvardzsí életét az *Egy jógi önéletrajza* című művében írja le Paramahansza Jógánanda.

szamádhi: Elragadtatás; szupertudatos megtapasztalás; végső soron egyesülés Istennel mint a mindent átható, legfelsőbb Valósággal. *(Lásd felettes tudat és jóga.)*

szupertudatosság (felettes tudat): A lélek színtiszta, intuitív, mindent látó, örökké üdvözült tudata. Néha általánosságban használják mindama különböző állapotokra, amelyeket meditáció közben Istennel eggyé válva megtapasztalhatunk, konkrétan azonban azt a kiinduló állapotot jelenti, amelyben az ember felülemelkedik egotudatán, és ráeszmél Önmagára lélekként, amely Isten képére teremtetett. Ebből fakadnak az önmegvalósítás magasabb állapotai: a Krisztus-tudat és a Kozmikus Tudat *(lásd előbb)*.

Yogoda Satsanga Society, India: Paramahansza Jógánanda társaságának Indiában közismert elnevezése. A társaságot Srí Jógánanda 1917-ben alapította. Központját, a Yogoda Math-ot a Gangesz partján található Daksinésvarban, Kalkutta közelében, egy rendjét pedig a dzsarkandi Ráncsíban alapították meg. A Yogoda Satsanga Society szerte Indiában megtalálható meditációs központjain és csoportjain túlmenően tizenhét oktatási intézményt is működtet az általános iskolaitól egészen a főiskolai szintig. A *Yogoda* szót Paramahansza Jógánanda alkotta meg a *jóga,* vagyis „egyesülés, harmónia, egyensúly", illetve a *da,* vagyis „átadó" tagokból. A *szatszanga* jelentése „isteni közösség" vagy „az Igazsággal szövetség". Paramahanszadzsí az indiai nevet „Self-Realization Fellowship" *(lásd előbb)* alakban fordította le a nyugati világ számára.

www.ingramcontent.com/pod-product-compliance
Lightning Source LLC
Chambersburg PA
CBHW032103090426
42743CB00007B/213